Erwarten Sie mehr!

Verlangen Sie bessere Bibliotheken für eine komplexer gewordene Welt

Richard David Lankes

Erwarten Sie mehr!

Verlangen Sie bessere Bibliotheken für eine komplexer gewordene Welt

Richard David Lankes

Herausgegeben und mit einem Vorwort von
Hans-Christoph Hobohm
Übersetzer: **Erdmute Lapp, Willi Bredemeier**

Berlin 2017
Simon Verlag für Bibliothekswissen

Bibliographische Informationen der deutschen Bibliothek
Die Deutsche Bibliothek verzeichnet diese Publikation in der
Deutschen Nationalbibliographie.

Aus dem Amerikanischen: Expect more, Demanding Better Libraries for
Today's Complex World
Cop. 2016 R.David Lankes
übersetzt von Erdmute Lapp und Willi Bredemeier
Cop. 2017 Simon Verlag für Bibliothekswissen, Berlin
Satz und Layout: Vera Szabó
Alle deutschen Rechte vorbehalten.

Gesamtherstellung:
Simon Verlag für Bibliothekswissen
Riehlstraße 13
14057 Berlin
Deutschland
www.simon-bw.de

IMON VERLAG
für Bibliothekswissen

Druck und buchbinderische Verarbeitung: Sowa Sp. z o.o, Warszawa
ISBN 978-3-945610-32-9

Widmung

Dieses Buch ist meiner Frau Anna Maria gewidmet.

Du warst geduldig, während ich schrieb, reiste und kämpfte. Du wurdest zu Recht ungeduldig, wenn ich manches nicht beachtete, was viel wichtiger war, wie unsere Jungen, Du selbst und unsere Freude am Leben. Was immer geschah, Du zeigtest das erstaunlichste Geschick, mich an die Realität zu binden und mich zu inspirieren, nach den Sternen zu greifen.

Danke!

Dieses Buch wäre ohne die Unterstützung und das Feedback der Arbeitsgemeinschaft „*Expect More*" nicht möglich gewesen. Zweck unserer Gemeinschaft war, das Buch „Expect More" zu verbessern, zu erweitern und es mit den digitalen Medien zu einer umfassenden und größeren Basis an Ressourcen für den Aufbau von Communities zu verbinden. Diese Ressourcen umfassen Online-Learning-Events für Entscheidungsträger in Bibliotheken, ein Print- und digitales Arbeitsbuch und Verpflichtungen zu einem ständig wachsenden Engagement, für eine bessere Community unter Einbindung von Bibliotheken einzutreten.

Mein besonderer Dank geht an Kathryn Deiss, Herausgeberin, inspirierende Freundin und Mitstreiterin.

Mein Dank geht auch an die **Mitglieder unserer Arbeitsgemeinschaft:**

Führende Bibliothekspartner:

Cuyahoga County Public Library (Ohio)
Northeast Kansas Library System
RAILS (Reaching Across Illinois Library System)

Bibliothekspartner

New York State Library
ILEAD USA
Maine State Library
Topeka Public Library (Kansas)
Chattanooga Public Library (Tennessee)
Fairfield Public Library (Connecticut)
Enoch Pratt Free Library (Maryland)
F. Franklin Moon Memorial Library, SUNY College of Environmental Science and Forestry
Califa Library Group
Fayetteville Free Library (New York)
State Library of Pennsylvania
Toronto Public Library
California Library Association

Geschäftspartner
Tech Logic

Bildungspartner
Syracuse University – iSchool

Inhaltsverzeichnis

Vorwort

Mehr von Bibliotheken erwarten? Die meisten Bibliothekare werden sagen: noch mehr? Angesichts immer geringer werdender Ressourcen? Aber es dreht sich eben nicht um ein Mehr an Quantität, sondern um Anderes. Und natürlich: Das Buch richtet sich nicht an Bibliothekare, sondern an deren Träger, denn Bibliotheken sind immer Teil einer übergeordneten Organisation bzw. werden von einer Gemeinschaft, David Lankes sagt: *Community*, getragen. Hier hat das deutsche Wort „Träger" eine Konnotation, die Lankes sicher gefallen hätte, denn es dreht sich nicht (nur) um Geld, sondern vielmehr um Engagement und eben um Erwartungen. Die landläufigen „Erwartungen" an Bibliotheken sind die, dass dort Medien, Informationen und schlicht Bücher zu finden sind. Möglichst die, die man selber gerade braucht. Das Buch möchte daran erinnern, dass dem nicht immer so war und dass Bibliotheken eigentlich andere Aufgaben haben als Papier- oder Bitspeicher zu sein. Das kann man gut daran erkennen, wenn wieder mal eine Schließung einer Bibliothek droht: Die sie tragende Community, die Bürger des Stadtteils, die Schüler und Lehrer der Schule, die Studenten der Hochschulbibliothek gehen auf die Straße und wehren sich dagegen. Dass Bibliotheken nicht nur Bücherlager sind, wird in letzter Zeit immer deutlicher, wenn man beobachtet, welchen Zulauf ansprechend gestaltete und gut organisierte Bibliotheksräume haben.

Deutlich wird in letzter Zeit auch immer wieder – doch davon spricht Lankes nur am Rande –, dass Bibliotheken zum Motor der Entwicklung ihrer Community werden. In den letzten zehn Jahren häufen sich die Beispiele, in denen die Stadtbibliothek explizit eine zentrale Rolle für die Stadtentwicklung zugeschrieben bekommt. In Deutschland ist das zum Beispiel sichtbar bei Stuttgart 21, wo das erste vollendete Gebäude des Entwicklungsprojektes der weltweit Aufsehen erregende Kubus der Bibliothek war. Beispiele in europäischen Nachbarländern machen den Wandel der Erwartungen an Bibliotheken noch deutlicher. Mittlerweile berühmt sind die „Idea Stores" im Problembezirk Tower

Hamlets in London, die sogar einen anderen Namen für die erweiterten bibliothekarischen Funktionen als Lern- und Transformationsort für die Gemeinde bemühten. Berühmt wurde auch die Stadtbibliothek („Dokk1") im Urban Media Space in Århus (Dänemark), die ähnlich wie die in Stuttgart und London nicht nur eine zentrale Rolle in der Stadterneuerung spielen, sondern auch den Digitalen Wandel der Gesellschaft aktiv begleitet, beispielsweise durch offene Angebote zur Erprobung neuer Technologien. Viele Bibliotheken greifen urbane „Hypes" wie Makerspaces, FabLabs oder Coworking Spaces auf, nicht, weil sie auf der Welle schicker Angebote reiten wollen, sondern weil sie spüren, dass im Digitalen Wandel Dinge passieren, die sie angehen.

Die Rede vom Ende der Gutenberg-Galaxis hat lange Zeit Bibliotheken geängstigt, weil sie genau wie ihre Träger ihre Rolle nicht verstanden hatten. In einer Buchgesellschaft sind sie naturgemäß der Katalysator für „gute" Bücher und die Verbreitung des darin enthaltenen Wissens. In einer Gesellschaft, in der Wissen nicht mehr in einem so großen Ausmaß auf Papier gebannt wird, sondern quasi flügge geworden ist und in E-Books, Apps, „Sozialen Medien" oder anderen (mehr oder weniger digitalen) Räumen fließt, ist die Arbeit und Funktion der Bibliothek nicht mehr so manifest und wird ebenso komplex wie die durch die Digitalisierung komplexer werdende Gesellschaft. Lankes weist eindringlich auf diese klärende, katalysierende Rolle der Bibliothek hin, wenn er ihr den generellen Auftrag, die *Mission* zuweist: „Die Mission einer Bibliothek ist die Verbesserung der Gesellschaft durch die Förderung von Wissensgenerierung in der *Community*."

Das klingt natürlich im Amerikanischen „besser", was ja schon mit dem Wort ‚Mission' beginnt. Und hier wird die Problematik jeder Übersetzung erkennbar: Eigentlich müsste man ein Buch wie eine App „lokalisieren", das heißt komplett in die lokalen, nationalen Gegebenheiten übertragen. In diesem Fall wäre es schön gewesen, für die meist amerikanischen Beispiele innovativer Bibliotheken deutsche oder europäische Äquivalente zu finden oder mehr an den Begrifflichkeiten zu arbeiten, um zu vermeiden, dass der Leser sagt, es sei ja alles nur amerikanischer Management-Jargon und nicht auf unsere Verhältnisse übertragbar. Wir haben uns bei der Herausgabe des Buches jedoch entschieden, den Autor mit seinem Stil und seiner Überzeugungskraft in seiner Kultur zu belassen, sonst hätte ein ganz neues Buch geschrieben werden müssen. Bei vielen Begriffen wie „mission" (Auftrag?), „community" (Gemeinde, Gemeinschaft), „facilitate" (fördern, erleichtern) „knowledge generation" (Wissensschaffung, -generierung?) bis hin zum Titelwort: „expect" (erwarten, fordern, verlangen?) war die Übersetzung nicht immer eindeutig, so dass beim Ringen um das richtige Wort von Fall zu Fall vorsichtig angepasst wurde. Wir hoffen dennoch, dass einerseits der eigene Stil des Autors rüberkommt und dennoch die bestehende kulturelle Differenz nicht abschreckt. Dem Leser sei gesagt, dass vieles, von dem Lankes berichtet, so weit weg gar nicht ist, wie es manchmal scheinen mag. Viele der Personen, die Lankes als Zeugen anführt, sind in der deutschen Bibliothekslandschaft bekannt und an verschiedenen Stellen wie z.B. auf Bibliothekartagen auch hier selber aufgetreten. Dies war das Verdienst einer jungen, aktiven Gruppe von Bibliothekaren und Nichtbibliothekaren, die sich schon 2008 Sorgen um das deutsche Bibliothekswesen machten und den Verein „Zukunftswerkstatt – Kultur und Wissensvermittlung e.V." gründeten. In diesem Zusammenhang wurden Konzepte, die Lankes zusammenfasst und auf den Punkt bringt, in vielen deutschen Bibliotheken diskutiert und erprobt. In der deutschen Bibliothekswelt, kann man sagen, ist das „Neue Bibliothekswesen", von dem Lankes spricht, an vielen Stellen angekommen. Das vorliegende Buch ist ja auch die zweite Auflage des ursprünglich 2012 erschienenen Originals, das sicher auch zusammen mit seinen anderen Veröffentlichungen auch hierzulande, wie in anderen Ländern, seine Wirkung getan hat.

Eine zweite Auflage und eine Übersetzung scheinen dennoch notwendig, weil die neuen möglichen Erwartungen an Bibliotheken noch nicht in allen Köpfen der Entscheidungsträger präsent sind. Gerade „in der Fläche" ist eine deutsche Fassung doch hilfreicher. Mittlerweile hat sich zudem eine regelrechte internationale Bewegung um Lankes Buch etabliert und liegen auch andere Übersetzungen vor, beispielsweise ins Portugiesische.

Das Buch erscheint in der Reihe Bibliotheksforschung und möge insoweit als Mahnung dienen, dass gerade so komplexe öffentliche Güter wie Dienstleistungen der Informationsinfrastruktur, wie wir sie in Deutschland leider verkürzend nennen, ihre Reflexion in Form einer eigenen Wissenschaft benötigen. Vielleicht besteht das Problem der Bibliotheken insgesamt darin, dass es an Analyse und Reflexion über ihren Status und ihre Aufgaben fehlt. Die problematischeren Kürzungen sind die von Instituten und Lehrstühlen der Informationswissenschaften in Deutschland. Diese und ein damit stärker verbreitetes politisches Verständnis der Praxis könnte helfen, die Schließung von Einrichtungen zu verhindern, die nachgewiesenermaßen ihren *Communities* (das heißt, der Gesellschaft, dem Staat, dem Unternehmen...) ein Return of Investment bringen, das unschätzbar hoch ist – nämlich 1 zu 5 und mehr.

David Lankes preisgekrönter „*Atlas of New Librarianship*", das Buch, das sich mehr als das vorliegende an die Bibliothekare selbst richtet, ist der treffende Nachweis für den oft belächelten Spruch, nichts sei praktischer als eine gute Theorie. Leider ist der Atlas zu komplex und zu umfangreich und noch schwieriger ins Deutsche zu übertragen. Leitenden Bibliothekaren, die flüssig im Englischen sind, sei vorwiegend der *Atlas* und dazu sein gerade erschienener „*Field Guide*" empfohlen. „*Erwarten Sie mehr*" sollte daher nach der Lektüre an die „Entscheider" weitergereicht werden, weshalb Lankes ja auch schreibt: „This book is short; it was written for busy people."

Gerne hätte ich das Buch selber geschrieben, aber die aktuelle deutsche Ausbildungs- und Hochschulpraxis in den Bibliotheks- und Informationswissenschaften erlaubt lediglich Wissenstransfer, keine eigene Produktion. Zumindest das ist mit Restmitteln aus einem Forschungsprojekt gelungen.

Potsdam, im November 2016
Hans-Christoph Hobohm

Einführung

Ich glaube, dass ein großartiges Bibliothekswesen, so wie Sie eins erwarten sollten, Grenzen überschreitet. Bibliothekssysteme können großartig sein, unabhängig davon, ob es sich um wissenschaftliche, städtische oder Schulbibliotheken handelt. Daher stellt sich in diesem Buch nicht die Frage, ob wir größere Erwartungen an Öffentliche oder Schulbibliotheken stellen sollten, vielmehr geht es in diesem Buch über Bibliotheken gleich welchen Typs. Schulbibliotheken lehren uns eine Menge über Lernen und Beurteilungsmöglichkeiten. Öffentliche Bibliotheken haben eine Menge Erfahrungen aus ihrer Arbeit mit sehr unterschiedlichen Nutzergruppen zu teilen. Wissenschaftliche Bibliotheken verstehen viel davon, wie Wissen geschaffen wird. Bibliotheken in Unternehmen lehren uns, wie man den Wert bibliothekarischer Dienstleistung misst, weil sie ihren Wert ständig vor der Geschäftsleitung nachweisen müssen.

In diesem Buch werde ich sehr oft den Begriff der „Community" in einem sehr weiten Sinn verwenden. Darauf gehe ich im Einzelnen im sechsten Kapitel ein. Hier nur soviel, dass eine Community eine Gruppe von Menschen ist, die sich zusammentun, um ein gemeinsames Ziel zu verfolgen. Communities bilden sich, wo Menschen zusammenleben, wo sie studieren und arbeiten. Eine Universität ist eine Community ganz ähnlich wie eine Anwaltspraxis oder ein Krankenhaus.

Dieses Buch verfolgt das Ziel, Ihnen die Potenziale von Bibliotheken aufzuzeigen, ihre Community oder auch die Gesellschaft allgemein zu verbessern. Dieses Potenzial würde sich nie ausschöpfen lassen, wenn Bibliotheken und ihre Communities rigide Grenzen zwischen Bibliotheken unterschiedlichen Typs errichteten. Sie können Erfahrungen, was in einer kleinen Bibliothek funktioniert, an große Bibliotheken weitergeben. Ideen, die in einer Öffentlichen Bibliothek entwickelt wurden, mögen erfolgreich in einer wissenschaftlichen oder einer Unternehmensbibliothek genutzt werden.

Wo immer das möglich war, habe ich versucht, Beispiele aus verschiedenen Bibliothekstypen einzubeziehen. Halten Sie sich aber bitte vor Augen, dass es hier mehr darum geht, Brücken zu schlagen statt Mauern zu errichten. Sie sollten von Ihrer Bibliothek und Ihrer Community erwarten, dass sie Erfahrungen aus Bibliotheken jeden Typs einbeziehen statt sich rigide auf „Peer Institutions" zu beschränken. Innovationen kommen von überall her, es liegt an uns, sie in unsere Welt zu integrieren.

Eine spezielle Anmerkung für Bibliothekare

Dieses Buch sollten Sie nutzen, wenn Sie mit Ihrer Community zusammenarbeiten. Die wichtigsten Ideen habe ich in größerer Tiefe und stärker auf Bibliotheken bezogen im *Atlas of New Librarianship*[1] und im *New Librarianship Field Guide*[2] erkundet. Wenn Sie in diesem Buch behandelte Konzepte fördern oder einführen wollen (oder nach weiteren Gründen suchen, um mir zu widersprechen), empfehle ich Ihnen die Lektüre des *Atlas* und *Field Guide.*

---

1 Lankes, R. D. (2011). *The Atlas of New Librarianship*. Cambridge, Mass: MIT Press.
2 Lankes, R. D. (2016). *The New Librarianship Field Guide*. Cambridge, Mass: MIT Press

1

Der Arabische Frühling:
Erwarten Sie das Außergewöhnliche

Der Arabische Frühling war nach Ägypten gekommen. Anfang 2011, nach der erfolgreichen Revolution in Tunesien, gingen die Ägypter auf die Straße, um Reformen von einer Regierung einzufordern, die seit fast dreißig Jahren an der Macht war. Während sich die meisten Medien auf die Protestierenden konzentrierten, die den Tahrir-Platz in der ägyptischen Hauptstadt Kairo besetzt hielten, begannen viele Proteste in der Hafenstadt Alexandria. In Alexandria demonstrierten viele Menschen aus allen Altersgruppen und gesellschaftlichen Schichten wie in Kairo und verlangten Freiheit, Gerechtigkeit und soziale Gleichheit. Ein primär friedlicher Versuch, die Verfassung wiederherzustellen, führte zu dem Tod von mindestens 846 Menschen und zu 6.000 Verletzten[3] in ganz Ägypten. Am 28. Januar gegen 18 Uhr wurden die Gefängnisse geöffnet und Mörder und Vergewaltiger entlassen. Alle Sicherheitskräfte wurden von den Straßen Alexandriens zurückgezogen. Vagabundierende Gangs von Plünderern durchzogen die Straßen und machten sich das Chaos zunutze.

In Alexandria wurden viele Regierungsgebäude während der Gewalttaten und Plünderungen zerstört. Wo früher Büros standen, blieben nur rauchende Trümmer. Protestierende zogen von Gebäude zu Gebäude und entfernten die Symbole einer korrupten Regierungsmacht. Einige Plünderer und Protestierende begannen, die Bibliothek von Alexandria ins Auge zu fassen.

---

3 http://en.wikipedia.org/wiki/2011_Egypian_ revolution -- Ja, ein Bibliothekar und Universitätsprofessor hat soeben Wikipedia zitiert. Ich mache das oft in diesem Buch. Es gibt nichts in Wikipedia, das von vornherein falsch oder unglaubwürdig wäre. Tatsächlich ist der Aufbau seiner Informationen transparenter als der vieler Enzyklopädien. Ich zitiere es, weil der Leser darauf einen einfachen Zugriff hat. weil es einen guten Ausgangspunkt darstellt, um über die Referenzen zu anderen Arbeiten zu kommen und weil ich die Informationen durch andere Quellen verifiziert habe – so wie wir das alle machen sollten.

Präsident Mubarak, auf den sich der Aufstand konzentrierte, hatte die moderne Bibliothek 2002 für 220 Millionen Dollar errichten lassen. Gemäß der Website der Bibliothek ließ Mubarak sie bauen, *um den Geist der Offenheit und der Gelehrsamkeit des Originals zurückzuholen,*[4] der berühmten antiken Bibliothek von Alexandrien, eines der Weltwunder der Antike.

Als die Gefährdung der Bibliothek offensichtlich wurde, reichten sich Protestierende die Hände und bildeten eine Kette um die Bibliothek. Sie wollten sie nicht plündern oder zerstören, sondern schützen. Während der Proteste und Plünderungen standen die Protestierenden – Frauen, Männer und Kinder – unbeirrt um die Bibliothek und schützten sie so. So holten sie die Bibliothek für die Bürger zurück. Nach dem Ende des Aufstandes, als Präsident Mubarak abgedankt hatte und die Protestierenden im ganzen Land ihren Sieg feierten, war in der Bibliothek kein Fenster zerbrochen noch ein Stein gegen die Mauern geworfen worden.

Warum beschützen diese Menschen die Bibliothek inmitten eines Aufstandes, indem es darum ging, ein Regime zu Fall zu bringen?

Warum werden – wenn auch vielleicht weniger dramatische – Geschichten wie diese immer wieder in Großbritannien und den Vereinigten Staaten erzählt? Als dort Städte mit einer zerstörerischen Finanzkrise konfrontiert waren und Zweigstellen ihrer Bibliotheken schließen wollten, protestierten viele Bürger. Sie besetzten Rathäuser und lösten Gemeinderatssitzungen auf. Bürger stellten vor den Zweigstellen „Streikposten" auf. In Philadelphia gingen die Stadtverordneten so weit, den Bürgermeister zu verklagen, als dieser die Bibliothek schließen wollte.

In Kenia baut die Regierung überall im Land öffentliche Bibliotheken sowohl in städtischen als auch in ländlichen Regionen. Wenn die Gemeinden zu abgelegen sind, werden Bibliothekskarren eingesetzt – 5.000 Bücher auf einen Holzwagen, gezogen von einem Esel. Für die noch abgelegeneren Regionen im Norden des Landes werden Kamele mit Karren und Zelten beladen. In den Dörfern werden die Karren geöffnet und Zelte errichtet, um Eltern und Kindern Gelegenheiten zum Lernen zu geben. In diesen Dörfern sind Kamele das bevorzugte Trans-

---

4 http//:www.bibalex.org/aboutus/overview.en.aspx (Letzter Zugriff am 5. Januar 2016)

portmittel, die wichtigste Arbeitshilfe und die Versorger mit Milch und Fleisch. Sogar ihr Dung wird getrocknet, um den Herd zu heizen. Nun erfüllt dieses überaus nützliche Tier eine weitere sehr wichtige Dienstleistung, es bringt Wissen zu den Menschen.

Inmitten rassistischer Proteste und Aufstände in Ferguson (Missouri) wandten sich Lehrer und Eltern an die Öffentlichen Bibliotheken, auf dass diese Adhoc-Schulen einrichteten, um die Kinder der Stadt zu unterrichten und mit Nahrung zu versorgen. Angesichts von Naturkatastrophen öffneten die Bibliotheken von Calgary und New York City, um die verstörten Einwohner ihrer Städte mit einem sicheren Ort zu versorgen, damit diese sich erholen und mit ihren Familien in Kontakt treten konnten. Bibliothekare in Ferguson, Calgary, New York, Baltimore, Irak, Paris und darüber hinaus entschieden sich, den Bewohnern zu helfen, selbst wenn ihre eigenen Heime zerstört waren und ihr Leben völlig durcheinandergebracht war.

Wir finden Bibliotheken in den schönsten Schlössern Europas und inmitten der populistischen Proteste von Occupy Wall Street in den Vereinigten Staaten (2011). Bibliotheken werden von den Eliten und den einfachen Leuten gleichermaßen geschätzt. Wir finden Bibliotheken im Dschungel, in der Wüste, in Schulen, in Unternehmen und in Einrichtungen der Regierung.

Wenn wir versuchen herauszufinden, warum das so ist, finden wir, dass Bibliotheken über Einfluss verfügen und Bibliothekare starke Persönlichkeiten sind. Das reicht tiefer als Tradition, Gebäude und Bücher. Die Gründe, warum Bürger bereit sind, für den Schutz der Bibliotheken auf die Straße zu gehen, finden sich nicht in Sammlungen von Materialien, Kommentaren oder der Architektur. Um eine Antwort auf dieses Rätsel zu finden, muss man hinter die Gebäude und die Bücher auf die Fachleute schauen, die im Laufe der Geschichte der höchsten Berufung der Menschheit gedient haben – dem Lernen.

Bibliotheken und Bibliothekare standen im Zentrum des wachsenden Ägyptischen Reiches im dritten Jahrhundert vor Christi und der Ausbreitung der Mathematik in den arabischen Ländern im 14. Jahrhundert.[5] Bibliotheken halfen Europa, aus dem dunklen Zeitalter in

---

5 http://www-history.mcs.st-and.ac.uk/HistTopics/Arabic_mathematics.html (Letzter Zugriff am 5. Januar 2016)

die Renaissance voranzuschreiten, und verhalfen der jungen Demokratie in den postkolonialen Vereinigten Staaten zur Blüte. Mit der Ankunft des Internet und dem Beginn eines neuen digitalen Zeitalters zeigen Bibliothekare abermals den Weg in eine bessere Gesellschaft, die auf Wissen und Respekt gegenüber widerstreitenden Meinungen basiert. Dieses Buch handelt von Bibliotheken und Bibliothekaren, die uns davon erzählen, wie eine hellere Zukunft geschaffen wird und was für Bibliotheken und Bibliothekare wir brauchen, damit diese Zukunft Wirklichkeit wird.

Die heutigen Bibliothekare nutzten die Lehren aus ihrer 6.000-jährigen Geschichte, um ein neues Bibliothekswesen zu formen, das nicht auf Büchern und Artefakten, sondern auf Wissen und Gemeinschaft beruht. Sie nutzen die heutigen technischen Sprünge, um unsere Communities zu befähigen, besser zu werden. Die heutigen Bibliothekare sind radikale Agenten eines positiven Wandels in unseren Klassenzimmern, Vorstandsetagen und Parlamenten. Sie bauten das Web, bevor wir es so nannten. Sie crowdsourcten Wissen und recherchierten in riesigen Datenbergen lange Zeit vor Google und Facebook, ja, sogar vor der Erfindung des WC. Die heutigen Bibliothekare werden durch das Netz weder bedroht noch überflüssig gemacht. Sie sind es, die das Netz voranbringen und die Welt um Sie herum gestalten – häufig, ohne dass Sie es bemerken.

Das Bibliothekswesen kommt auf eine jährliche Investition von fast 26 Milliarden Dollar in Nordamerika und auf mehr als vierzig Milliarden Dollar weltweit.[6] Während sich viele traditionelle Einrichtungen im Niedergang befinden, ist die Nutzung von Bibliotheken in den letzten zwanzig Jahren kontinuierlich gestiegen. Wussten Sie, dass jeder sechste Mensch auf der Welt ein eingetragener Bibliotheksnutzer ist und fünfmal so viele Menschen Öffentliche Bibliotheken als Football-, Basketball-, Baseball- und Hockey-Spiele zusammen besuchen?[7] Indem wir Bibliothekare und Bibliotheken verstehen, begreifen wir auch, wie Glaubwürdigkeit und Vertrauen in einer Community aufgebaut werden kann, die durch den Wandel und unzählige Wahlmöglichkei-

---

6 https ://www.oclc.org/global-library-statistics.en.html (Letzter Zugriff am 28. November 2015)
7 https://www.oclc.org/content/dam/oclc/reports/librariesstackup.pdf (Letzter Zugriff am 28. November 2015)

ten überwältigt wird. Wir entdecken, wie ein Umfeld zu schaffen ist, um Auseinandersetzungen zivilisiert auszutragen. Wenn wir das Bibliothekswesen begreifen, verstehen wir sogar etwas so Großes wie die Rolle des Bürgers in der Gesellschaft.

Vielleicht ist die größte „Warum"-Frage, die Sie stellen können, jene, die im Zentrum dieses Buches steht: Warum sehen so viele Menschen das Bibliothekswesen als antiquiert, konservativ und alles andere als inspirierend? Während Menschen Bibliotheken und Bibliothekare als Idee lieben, sind sie schnell dabei, Bibliotheken auf die Versorgung von Kindern mit Büchern zu beschränken. Oder sie halten Bibliotheken für historische Überbleibsel. Warum? Die Antwort lautet nicht, dass diese Menschen falsch liegen, sondern dass sie mehr von Bibliotheken erwarten sollten. Zu viele Bibliotheken bestehen wirklich nur aus Büchern. Zu viele Bibliotheken leben in der Geschichte und sind in einem beruflichen Konservatismus befangen, so dass sie vorziehen, das zu tun, was sie immer getan haben, statt zu fragen, warum sie das tun. Zu viele Bibliothekare sehen ihren Bücherbestand und nicht ihre Community als ihren Job an. Zu viele Bibliothekare versuchen zu überleben, anstatt sich zu erneuern. Sie fördern die Liebe zum Lesen, statt ihre Communities zu befähigen, besser zu werden. Ich behaupte nicht, dass die Mehrzahl der Bibliothekare so ist. Aber zu viele von ihnen sind so und die sie tragenden Communities (also Sie) erwarten zu wenig von ihnen.

Dieses Buch ist nicht für diese Bibliothekare geschrieben, sondern für die Menschen, die Bibliotheken unterstützen oder beaufsichtigen. Das schließt Verwaltungsleiter ebenso wie Studenten, Eltern, Mitglieder von Kuratorien und freiwillige Helfer ein und letztlich jeden, der einmal zur Schule gegangen ist oder Steuern an seinem Wohnsitz gezahlt hat. Sie sollten wissen, wozu Bibliotheken fähig sind und Sie sollten Ihre Erwartungen höherschrauben.

In diesem Buch werden Sie Beispiele für hervorragende Bibliotheken und Bibliothekare finden. Viele Ihrer Kollegen würden sie „außergewöhnlich" nennen, so wie Sie vielleicht die Bibliothekare in Ägypten oder Kenia als „außergewöhnlich" bezeichnen. Das ist die Wurzel des Problems. Diese Bibliotheken mögen unter außergewöhnlichen Bedingungen arbeiten, aber ihre Hingabe an ihren Service und ihre engen Bindungen an ihre Community sollten nicht als Ausnahme von der

Norm gesehen werden. Sie sollten die Norm sein, die alle Bibliotheken erfüllen wollen.

In diesem Buch werden Sie eine Bibliothek kennenlernen, die ein „Produktionslabor FabLab" eingerichtet hat – einen Raum, in dem die Community-Mitglieder an 3D-Druckern arbeiten und Erfindungen machen können. Sie werden von einer Schulbibliothek lesen, an der die Bibliothekarin zu beschäftigt ist, den Lehrern bei der Verbesserung ihres Unterrichtes zu helfen statt sich vorrangig darum zu kümmern, Bücher zurück in die Regale zu stellen. Sie werden Bibliothekare kennenlernen, die im ländlichen Illinois neue Unternehmen gründen und das Leben in Dallas neu gestalten. Das sind brillante Bibliotheken und Bibliothekare, aber wenn Sie sie als „außergewöhnlich" – als oberhalb und jenseits der Norm – bezeichnen, dann erwarten Sie zu wenig von Ihrer Bibliothek.

Wer verfügt über den Schlüssel zu einer erfolgreichen Bibliothek? Sie! Ob in einer Stadt oder in einem Großunternehmen, die Bibliothek muss sich nach Ihnen und den Zielen Ihrer Community richten. Wenn Ihre Community nach Größe strebt, dann sollte auch die Bibliothek etwas Großes werden wollen. Wenn Sie sich über die Zukunft, die Wirtschaft oder den Stand des demokratischen Diskurses im Land Sorgen machen, dann sollte Ihre Bibliothek in gleicher Weise besorgt sein. Wenn Sie Ihre Erwartungen öffentlich machen, wenn Sie sich mit Argumenten bewaffnen, was möglich sein müsste, und nicht, wie die gegenwärtige Praxis aussieht, dann können die Bibliothekare Ihren Erwartungen und Zielen gerecht werden. Dies ist allerdings keine Einbahnstraße! Große Bibliotheken erwarten viel von ihren Gemeinschaften. Ganz recht, sie erwarten finanzielle Unterstützung, aber noch mehr brauchen sie eine offene Kommunikation über Ihre Bedürfnisse, Ihre Herausforderungen und Ihre Träume.

Dieses Buch wird kein Liebesbrief an Bibliothekare sein. Ich werde nicht versuchen, einen Bibliothekar aus Ihnen zu machen. Dies soll im Gegenteil der Beginn eines ehrlichen und realistischen Dialogs über den Platz der Bibliotheken und Bibliothekare in Ihren Gemeinschaften werden. Begleiten Sie mich jetzt und entdecken Sie gemeinsam mit mir das wahre Potenzial von Bibliotheken und Bibliothekaren.

2

Argumente für bessere Bibliotheken: Erwarten Sie Auswirkungen

Cushing Akademie ist eine Elite-Vorschule ungefähr 112 Kilometer westlich von Boston. Auf ihrem luxuriösen bewaldeten Campus erarbeiten sich 445 Studenten aus 28 US-Staaten und 28 Ländern ihren Weg durch die Oberschule. Cushing verkörpert auch, wenn man dem *Boston Globe* [8] glauben mag, das Ende der Bibliotheken, wie wir sie kennen.

2009 investierte Cushing Hunderttausende Dollar in die Erneuerung seiner Bibliothek. Ein großer Teil dieser Gelder wurde für die Vernichtung aller physischen Bücher und ihren Ersatz durch eReader und elektronische Ressourcen verwendet. Zumindest schrieb dies der *Boston Globe*. Die Wahrheit ist komplexer. Cushing sortierte wirklich eine große Anzahl gedruckter Bücher aus, die meisten von ihnen veraltete Forschungsberichte. Tatsächlich wurde der Bestand, der den Studenten digital zur Verfügung gestellt wurde, vergrößert. Dazu wurde die Zahl der Mitarbeiter erhöht, so dass den Studenten der Zugriff auf die elektronischen Ressourcen der Bibliothek 24 Stunden am Tag und sieben Tage in der Woche ermöglicht wurde [9].

Der interessante Teil dieser Geschichte ist nicht, dass eine Bildungseinrichtung ihre Sammlung an gedruckten Büchern vernichtet (was nicht geschah) noch die zunehmende Elektronifizierung des Bibliotheksbestandes. Nein, der interessante Teil dieser Geschichte sind die Reaktionen der Presse auf die Veränderungen in einer kleinen Internatsschule. Mit Schlagzeilen wie *Elektronische Schulbibliothek lässt Bücherregale hinter sich* und *Willkommen in der Bibliothek. Verabschiede*

8 http://www.boston.com/news/local/massachusetts/articles/2009/09/04/a_library_without_the_ books/ (Letzter Zugriff am 5. Januar 2016)
9 http://roomfordebate.blogs.nytimes.com/2010/02/10/do-school-libraries-need-books/# (Letzter Zugriff am 5. Januar 2016)

dich von den Büchern schienen die Reporter an den Einzelheiten einer Bibliothekserweiterung in einer Schule nicht interessiert. Sie hielten stattdessen nach dem Ende der Bibliotheken Ausschau.

Das zentrale Argument dieses Buches lautet, dass wir bessere Bibliotheken benötigen. Das setzt voraus, dass Bibliotheken notwendig sind. Es gibt viele Stimmen, die die Notwendigkeit von Bibliotheken jedweder Art in Frage stellen. Bevor wir uns darauf stürzen, was Sie von Ihrer Bibliothek erwarten, lohnt es sich, die Argumente zu prüfen, die die Notwendigkeit von Bibliotheken begründen.

Die zentralen Argumente pro Bibliotheken gruppieren sich sowohl historisch als auch aktuell um wenige zentrale Themen:

• Einkäufergemeinschaft
• Wirtschaftlicher Stimulus
• Zentrum des Lernens
• Sicherheitsnetz
• Bewahrer des kulturellen Erbes
• Third Space
• Wiege der Demokratie
• ein Symbol für die Träume der Community.

Tatsächlich werden diese Argumente, die die Existenz von Bibliotheken rechtfertigen, zumeist nicht isoliert voneinander erörtert, so dass die Grenzen zwischen den Argumentationen verschwimmen. Aber es lohnt sich, ein Argument nach dem anderen zu diskutieren und zu zeigen, dass wir mehr von den Bibliotheken in diesen Bereichen erwarten sollten und wie das erreicht werden soll.

Einkäufergemeinschaft

Stewart Brand hat den berühmten Satz gesagt, *Information möchte frei sein.* Zumindest wird er so immer wieder zitiert. Das volle Zitat lautet jedoch:

Auf der einen Seite möchte Information teuer sein, weil sie so wertvoll ist. Die richtige Information am richtigen Ort ändert Ihr Leben. Auf der anderen Seite möchte Information frei sein, weil die Kosten der Produktion und Verbreitung immerzu niedriger und niedriger werden. So gibt es zwei Tendenzen, die sich wechselseitig bekämpfen.[10]

Wir sehen überall die Ergebnisse dieses Kampfes. Bücher und Musik-CDs werden billiger, weil die Distributions- und Produktionskosten durch die elektronischen Netze stark reduziert wurden. Wissenschaftler stellen ihre Veröffentlichungen zunehmend online und Portale wie YouTube zeigen, dass es eine lebendige Community gibt, die gewillt ist, Videos und Inhalte aller Art kostenfrei zu teilen. Wenn man aber genauer hinschaut, sehen Sie, dass „frei" nicht das gleiche wie billig ist, wie sich zunächst erwarten ließe. YouTube-Videos können kostenfrei angeschaut werden – solange Sie bereit sind, sich gleichzeitig kommerzielle Werbung wie im Fernsehen anzusehen.

Haben Sie sich kürzlich Ihre Kabelrechnung angesehen? Nicht frei. Die Eintrittskarten zu Kinofilmen werden teurer und wenn Sie sich nicht nur im Internet medizinisch informieren wollen, sollten Sie besser krankenversichert sein. Geschäftsmodelle ändern sich, aber Qualitäts- und personalisierte Informationen kosten nach wie vor richtig Geld.

Bibliotheken waren immer eine Möglichkeit, um die Ressourcen einer Gemeinschaft für große Einkäufe zusammenzulegen. In Universitäten besteht der Einkauf aus den Abonnements wissenschaftlicher Zeitschriften. Öffentliche Bibliotheken erwerben Lesestoff für das breite Publikum. In Schulen gilt dies für die Abonnements für Datenbanken und Medien. In Anwaltskanzleien gehören LexisNexis und in Deutschland juris und beck-online dazu. Wenn eine Ressource für eine Person zu teuer wird, sie aber für die jeweilige Community nützlich ist, dann macht das Zusammenlegen der eigenen Ressourcen (Steuergelder, Gebühren, Budgetmittel) Sinn. Auch haben sich Bibliotheken, wenn ihnen der Einzeleinkauf zu teuer wurde, zu Konsortien zusammengeschlossen.

Um Ihnen einen kleinen Einblick in die Größenordnungen der ausgegebenen Gelder zu geben, lassen Sie mich Ihnen zwei Beispiele zeigen. Die folgende Tabelle wurde von der University of Iowa zusammengestellt. Sie listet die Kosten auf, die der Universität entstehen, um die

---

10 http://en.wikipedia.org/wiki/Information_wants_to_be_free (Letzter Zugriff am 5. Januar 2016)

Professoren und ihre Mitarbeiter mit wissenschaftlichen Zeitschriften
zu versorgen: [11]

Verleger	Kosten in Dollar	Anzahl der Titel
Elsevier	1.641.530	2095
Wiley/Blackwell	808.031	1304
Springer	607.540	400
Sage	243.647	608
JSTOR	97.602	2319
Cambridge UP	43.940	145
Project Muse	32.210	500
Oxford UP	21.313	250

Ja, Sie haben richtig gelesen. Die jährlichen Kosten belaufen sich
auf 3,5 Millionen Dollar für 7.621 Zeitschriftentitel. Und Iowa steht
hier kaum allein. In Harvard stiegen die Abonnementskosten für Zeitschriften im Zeitraum von 2006 bis 2012 um 145% – ein Zeichen dafür, dass diese Zeitschriften bald nicht einmal mehr für die reichsten
Universitäten in der Welt erschwinglich sein werden.[12] Und nebenbei,
diese Ausgaben fallen in jedem Jahr an. Die Bibliothek besitzt diese Artikel auch nie. Wir kommen darauf zurück, wenn wir in Kapitel 5 über
Communities als Träger von Bibliotheken sprechen.

Diese Summen mögen Ihnen sogar gering erscheinen, wenn Sie sehen, was die Landesregierung von Texas herausgefunden hat. Das Land
unterhält die Dienstleistung TexShare und bedient sich dafür der Lan-
desbibliotheks- und Archivkommission (TSLAQ). TexShare stellt den
Bürgern von Texas große Datenbanken mit wissenschaftlichen Informationen über die teilnehmenden Bibliotheken zur Verfügung. Dazu
erklärte die Landesregierung:

*Es hätte den 645 Bibliotheken, die am TexShare-Projekt teilnehmen,
84.158.212 Dollar gekostet, um diese Datenbank zu abonnieren. Diese
wurde von TSLAC für 7.286.620 Dollar erworben.* [13]

---

11 http://blog.lib.uiowa.edu/transitions/?p=720&utm_source=dlvr.it&utm_medium=twitter
(Letzter Zugriff am 5. Januar 2016)
12 http://www.theguardian.com/science/2012/apr/24/harvard-university-journal-publishers-prices
13 Texas State Library and Archives Commission Facts at a Glance last modified Juni 24, 2015
https://www.tsl.texas.gov./texshare /facts _ataglance.html

Fast 76 Millionen Dollar gespart – das ist die Power des gemeinschaftlichen Einkaufs.

Es gibt zwei Problemgrößen, die mitunter unbeachtet bleiben, wenn man über Bibliotheken als kollektiver Einkäufer spricht: Einkäufe benötigen eine Organisation und die Nutzung gemeinsamer Finanzierungsquellen sollte zum Gemeinwohl beitragen. Lassen Sie uns mit der gemeinsamen Organisation beginnen.

Zum fünfjährigen Geburtstage meines Sohnes kauften meine Frau und ich zehn Pfund Lego-Steine von eBay. Wenn die Kinder ihr Zuhause verlassen und Schubladen voller Legos zurücklassen, sammeln manche Eltern diese in Kisten, wiegen sie und verkaufen sie. Diese Steine eignen sich hervorragend für einen Fünfjährigen mit großer Phantasie, aber nicht, wenn er oder sie ein bestimmtes Modell bauen will. Lego hat mit Phantasie zu tun, aber auch mit Bauplänen und den Bau von Sets um bestimmte Themen (zum Beispiel Fahrzeuge, *Star Wars*). Ein Einkauf von Legosteinen nach dem Gewicht erfüllt diesen Zweck nicht. Für Bibliotheken mit Büchern und Datenbanken ist die Situation ähnlich. Sie müssen in Menschen investieren, die die Einkäufe von Materialien und immer häufiger von Lizenzen zu diesen Materialien organisieren können. (Wir kommen darauf in Kapitel 7 zurück, wenn wir über Bibliothekare sprechen.)

Der zweite Faktor, der in Diskussionen über Bibliotheken als Einkäufer häufig außer Acht gelassen wird, ist das Gemeinwohl. Das heißt, wenn eine Community (eine Schule, eine Stadt, ein College) ihr Geld in einen gemeinsamen Topf fließen lässt, dann sollte die Community als Ganzes davon profitieren. Das scheint offensichtlich zu sein, aber Bibliotheken und ihre Community übersehen manchmal diesen Punkt. Lassen Sie uns eine Dienstleistung mit dem Namen Freegal[14] ansehen.

Bibliotheken abonnieren Freegal, damit die Besitzer von Bibliotheksausweisen Musik aus dem Sony-Bestand als MP3-Datei herunterladen können. Dafür kaufen die Bibliotheken Blöcke von Downloads (zum Beispiel 500 Blocks für die Community). Dies klingt nach einer guten Dienstleistung außer dass die Bibliothek (und damit die Gemeinschaft)

---

14 http://www.freegalmusic.com/homes/aboutus (Check out the Librarian in Black for the perspective on the service http://librarianinblack.net/librarianinblack/just-say-no-to-freegal/ (Letzter Zugriff am 30. November 2016)

dafür zahlt, dass sich ein einzelnes Bibliotheksmitglied ein Lied für seinen persönlichen Nutzen herunterladen darf. Falls sich noch ein Nutzer diesen Song wünscht, ist ein weiterer Download erforderlich. Die Bibliotheken (sprich die Community), die den Service zahlen, können diese Songs nicht in ihren Bestand aufnehmen und sie nicht ausleihen oder sogar archivieren.

Stellen Sie sich vor, Sie gehen in die Bibliothek und fragen nach einem Buch und der Bibliothekar muss erst in die Buchhandlung gehen, um das Buch zu kaufen und es Ihnen dann auf Dauer zu geben. Ist das ein kluger Umgang mit den Ressourcen der Community? Stellen Sie sich vor, Sie verwendeten Steuergelder, um eine private Straße zu bauen, die nur ein Einwohner nutzen wird. So baut man keine gemeinschaftliche Ressource auf und bewirkt keine Skaleneffekte, und letztlich wird der gemeinsame Fonds nur dafür genutzt, einzelne Personen zu bereichern.

Freegal ist ein Negativbeispiel für die Umverteilung von Reichtum. Die Mission einer Bibliothek liegt nicht in der Umverteilung von Reichtum. Sie müssen von einer Bibliothek erwarten, dass sie das Gemeinwohl befördert und eine gemeinsame Infrastruktur schafft, die von der gesamten Community genutzt wird.

Wirtschaftlicher Stimulus

Letztlich ist der Nutzen einer Bibliothek als kollektiver Einkäufer wirtschaftlicher Natur. Bibliotheken sparen Geld. Ein ergänzendes Argument lautet, dass Bibliotheken in ihrem Umfeld Geld generieren, indem sie die lokale Wirtschaft stimulieren. Beispielsweise fand man in Indiana heraus:

„Bibliotheken sind sehr wertvoll. Der direkte ökonomische Nutzen, den Communities aus ihren Bibliotheken ziehen, ist signifikant höher als die Kosten für ihren Unterhalt."

Dazu wird im Einzelnen angeführt:

• Die Gemeinden Indianas erhielten 2,38 Dollar an direkten ökonomischen Nutzen für jeden Dollar, der ihnen als Kosten entstand.
• Die Gehälter und weiteren Ausgaben der öffentlichen Bibliotheken generierten einen weiteren wirtschaftlichen Wert von 216 Millionen Dollar.

• Die Gehälter und weiteren Ausgaben der wissenschaftlichen Bibliotheken generierten zusätzliche 112 Millionen Dollar in der Wirtschaft Indianas.[15]

In Wisconsin kam man zu noch positiveren Ergebnissen für Bibliotheken. Dort fand man heraus:

„Der gesamte ökonomische Beitrag der öffentlichen Bibliothek zur Wirtschaft Wisconsins beläuft sich auf 753.699.545 Dollar. Der Return on Investment für Bibliotheksdienste beträgt für jeden investierten Dollar 4,06 Dollar."[16]

Ähnliche Werte ergeben sich auch für andere Länder und Regionen in den USA:

State	*Return bei 1 Dollar Investment*	*Jahr der Studie*
Colorado	5	2009[17]
Florida	6,54	2004[18]
Wisconsin	4,06	2008[19]
Indiana	2,38	2007[20]
Pennsylvania	5,50	2007[21]
South Carolina	4,48	2005[22]
Vermont	5,56	2006/07[23]

---

15 Indiana State Library. (2007). The economic impact of libraries in Indiana. Retrieved from http://www.ibrc.indiana.edu/studies/EconomicImpactofLibraries_2007.pdf
16 NorthStar Economics, Inc. (2008). The economic contribution of Wisconsin public libraries to the economy of Wisconsin. Retrieved from http://dpi.wi.gov/pld/pdf/wilibraryimpact.pdf
17 Steffen, N., Lietzau, Z., Curry Lance, K., Rybin, A. & Molliconi, C. (2009). Public Libraries—A wise investment: A return on investment study of Colorado libraries. Retrieved from http://www.lrs.org/documents/closer_look/roi.pdf
18 Griffiths, J., King, D. W., Lynch, T. (2004). Taxpayer return on investment in Florida public libraries: Summary report. Retrieved from http://dlis.dos.state.fl.us/bld/roi/pdfs/ROISummaryReport.pdf
19 NorthStar Economics, Inc. (2008). The economic contribution of Wisconsin public libraries to the economy of Wisconsin. Retrieved from http://dpi.wi.gov/pld/pdf/wilibraryimpact.pdf
20 Indiana State Library. (2007). The economic impact of libraries in Indiana. Retrieved from http://www.ibrc.indiana.edu/studies/EconomicImpactofLibraries_2007.pdf
21 Griffiths, J., King, D. W., Aerni, S. E. (2007). Taxpayer return-on-investment (ROI) in Pennsylvania public libraries. Retrieved from http://www.palibraries.org/associations/9291/files/FullReport.pdf
22 The School of Library and Information Science, University of South Carolina. (2005). The economic impact of public libraries on South Carolina. Retrieved from http://www.libsci.sc.edu/SCEIS/exsummary.pdf
23 State of Vermont Public Libraries. (2006-2007). The economic value of Vermont's public libraries. Retrieved from http://libraries.vermont.gov/sites/libraries/files/misc/plvalue06-07.pdf

Regionen

Charlotte NC	3,15–4,57	2008–2009[24]
Saint Louis MO	4	1999[25]
Southwestern Ohio	3,81	2006[26]
Suffolk County	3,83	2005[27]
Plittburgh PA	3,05	2006[28]

Diese Ergebnisse sind nicht auf die USA beschränkt. Eine Untersuchung des Martin Prosperity Instituts der Universität von Toronto stellte fest: „Für jeden Dollar, der in die Toronto Public Library investiert wurde, erhielten die Einwohner von Toronto 5,63 Dollar zurück." Die Studie zeigt weiter, dass die Toronto Public Library einen Wert von einen Million Dollar generiert hatte.[29]

Wie sind diese Returns on Investments zu begründen? Teilweise resultieren sie aus der Einkaufsmacht von Bibliotheken, die wir zuvor diskutiert haben. Wenn Sie kein Buch kaufen oder in kein Kino gehen müssen, weil Sie die Ressourcen der Bibliothek nutzen können, dann ist das für Sie eine Ersparnis. Ein weiterer Grund besteht darin, dass die Mitarbeiter einer Bibliothek Steuern zahlen (und zur Entwicklung der lokalen Wirtschaft beitragen). Aber die durch eine Bibliothek geschaffenen Vorteile gehen darüber hinaus. So zeigen zum Beispiel neuere Studien, dass Bibliotheken zu größeren Buchkäufen führen.[30] In der Hochschulbildung *„stellen Bibliotheken ein wichtiges*

---

24 The University of North Carolina at Charlotte Urban Institute. A return on investment strategy of the Charlotte Mecklenburg Library. (2010). Retrieved from http://ui.uncc.edu/sites/default/files/pdf/Library_ROI_Study_2010_Final_FullReport.pdf
25 Holt, G. E., Elliott, D. & Moore, A. (1999). Placing a value on public library services. Retrieved from http://www.slpl.lib.mo.us/libsrc/resresul.htm
26 Levin, Driscoll & Fleeter. (2006). Value for money: Southwestern Ohio's return from investment in public libraries. Retrieved from http://9libraries.info/docs/EconomicBenefitsStudy.pdf
27 Kamer, P. M. (2005). Placing an economic value on the services of public libraries in Suffolk County, New York. Retrieved from http://scls.suffolk.lib.ny.us/pdf/librarystudy.pdf
28 Carnegie Mellon University Center for Economic Development. (2006). Carnegie Library of Pittsburgh: Community impact and benefits. Retrieved from http://www.clpgh.org/about/economicimpact/CLPCommunityImpactFinalReport.pdf
29 http://martinprosperity.org/media/TPL%20Economic%20Impact_Dec2013_LR_FINAL.pdf
30 http://www.publishersweekly.com/pw/by-topic/industry-news/publishing-and-marketing/article/49316-survey-says-library-users-are-your-best-customers.html (Letzter Zugriff am 8. Mai 2012)

Kriterium bei der Auswahl eines Studienplatzes an einer Universität oder an einem College durch die Studierenden dar, so dass wissenschaftliche Bibliotheken die Zahl der Bewerbungen um einen Studienplatz steigern können".[31]

Die wirtschaftliche Bedeutung der Bibliotheken ergibt sich auch aus immateriellen Faktoren wie die Schaffung eines attraktiven Umfeldes für neue Unternehmen und eine gute Entwicklung des Arbeitskräftepools. Während der Wirtschaftskrise seit 2008 übernahmen Bibliotheken die wichtige Aufgabe, Arbeitssuchenden zu helfen. Einige Bibliotheken versorgten die Arbeitslosen lediglich mit dem Zugang zu Computern und halfen ihnen in Workshops bei der Abfassung eines Lebenslaufes. In anderen Bibliotheken sehen wir jedoch, was geschieht, wenn sich Gemeinden und Bibliotheken mehr vornehmen.

Zum Beispiel Transform U[32], ein Projekt mehrerer öffentlicher Bibliotheken in Illinois. Die Bibliothekare dort erkannten, dass Menschen, die einen Job suchen, häufig eine größere Veränderung in ihrem Leben anstreben. So könnte es sein, dass sie besser zurück in eine Schule gehen, um sich anders zu qualifizieren. Vielleicht sollten sie soziale Dienste in Anspruch nehmen, um ihre Familien zu versorgen. Sie benötigen unbedingt Selbstrespekt und ein Selbstwertgefühl. Um diesen Bedürfnissen nachzukommen, gingen die Bibliothekare Partnerschaften mit lokalen Colleges, sozialen Diensten und Einrichtungen der Wirtschaftsförderung ein. Wenn Arbeitssuchende heute in ihre örtliche Bibliothek gehen, finden sie ein umfassendes Netzwerk von Unterstützern vor, die ihnen helfen, ihre langfristigen Ziele zu identifizieren und sich durch die manchmal verwirrenden Anforderungen für Bewerbungen auf den Websites der Colleges und Regierungsstellen zurecht zu finden. Die Arbeitsuchenden werden mit einfachen Webwerkzeugen für die Jobsuche oder für eine Existenzgründung vom Punkt Null aus versorgt. Diese Bibliothekare gingen weit über die üblichen Anforderungen an ihre Einrichtung hinaus, um die Bedürfnisse ihrer Gemeinschaft zu erfüllen.

---

31 Oakleaf, M. for the Association of College and Research Libraries. (2010). The value of academic libraries: A comprehensive research review and report. Retrieved from http://www.ala.org/acrl/sites/ala.org.acrl/files/content/issues/value/val_summary.pdf
32 http://www.transformuportal.org (Letzter Zugriff am 8. Mai 2012)

Eine kleine Bibliothek im ländlichen Eureka in Illinois zeigt einen anderen Weg, mit dem Bibliotheken zur wirtschaftlichen Entwicklung beitragen können – Existenzgründungen. Als eine Frau in die Öffentliche Bibliothek von Eureka kam, weil sie dabei war, einen Catering-Dienst aufzumachen, geschah etwas Wundervolles. Die Frau hatte gesehen, dass es eine potenzielle Nachfrage für mehr Imbissstellen in der Stadt gab. Sie war ausgebildete Betriebsleiterin und wollte ein eigenes Restaurant aufmachen, wusste aber nicht, wie sie vorgehen sollte. Die Bibliothek drückte ihr nicht einfach Informationsmaterialien für eine Geschäftsgründung in die Hand, sondern gab ihr auf dem eigenen Grundstück eine Ecke, wo sie zunächst einmal in der Woche ein Mittagessen anbieten konnte. Mit der Zeit wurde es ein Geschäft mit regulären Öffnungszeiten. „Chef Katie" hatte sich als fähig erwiesen, einen prosperierenden Imbiss aufzubauen, und die ganze Gemeinde profitierte davon.[33]

Sowohl die Toronto Public Library als auch die Cuyahoga County Public Library bieten jungen Unternehmen eine weitgehende Unterstützung an. Sowohl Torontos *Business Inc.*[34] als auch Cuyahogas *Encore Entrepreneurs*[35] offerieren Mitgliedern der Business Community Fortbildung in Betriebswirtschafslehre und den Kontakt zu Mentoren aus der lokalen Business Community. Toronto hat sogar einen „Entrepreneur in Residence", der sich zu freundschaftlichen Einzelgesprächen mit den jungen Unternehmern trifft. Dieses Programm war besonderes erfolgreich in der Befähigung von Einwanderern und neuen Bürgern, Geschäftsgelegenheiten zu ergreifen und Arbeitsplätze zu schaffen.

Das *Washington CD Dream Lab* geht noch einen Schritt weiter.

Nicht nur, dass das Lab seinen Mitgliedern gemeinsame Räume für kleine Organisationen, Gruppen und Individuen zur Verfügung stellt, um neue Technologien auszuprobieren und neue unternehmerische Vorhaben weiter zu entwickeln. Vielmehr erwartet die Bibliothek von jenen, die das Laboratorium nutzen, dass sie ihre Erfahrung und ihr Wissen allmonatlich in eine einstündige öffentliche Veranstaltung ein-

---

33 http://www.torontopubliclibrary.ca/programs-and-classes/featured/business-inc-series.jsp (Letzter Zugriff am 8. Dezember 2015)

34 http://ccplencore.org (Letzter Zugriff am 8. Dezember 2015)

35 http://dclibrary.org/labs/dreamlab (Letzter Zugriff am 8. Dezember 2015)

bringen. So hilft die Bibliothek nicht nur ihren einzelnen Mitgliedern, sie hilft diesen Mitgliedern auch, anderen in ihrer Gemeinschaft zu helfen[36].

Dieser unternehmerische Geist beschränkt sich nicht auf die öffentlichen Bibliotheken. Die *School of Information Studies* der University of Syracuse fokussiert sich stark auf Startups und schließt Studenten auf dem Campus zu Teams für die Entwicklung von Geschäftsideen und -modellen zusammen. Bibliothekare setzen sich mit diesen Teams zusammen, um Wettbewerbsanalysen zu erstellen und die Neuheit von Geschäftsideen zu überprüfen. In Unternehmen im ganzen Land befassen sich Bibliothekare mit Patent- und Wettbewerbsfragen und bieten Weiterbildungskurse für Anwälte, Ärzte und Computerfachleute für die weitere Entwicklung ihrer Einrichtung an.

Bibliotheken, wie wir sie kennen, bringen ihren Gemeinschaften wirtschaftliche Vorteile. Wir können aber, wie wir sehen werden, noch mehr von ihnen verlangen. Wir sollten von Bibliotheken jeden Typs erwarten, dass sie ihrer Community helfen, mit ihrem Geld wirtschaftlich umzugehen und neue Geschäftszweige zu entwickeln.

Zentrum des Lernens

Dieses Argument pro Bibliothek beruht auf dem weit verbreiteten Glauben, dass das beste Lernen in der reichsten Informationsumgebung geschieht. In akademischen Einrichtungen hat dies dazu geführt, dass die Bibliotheken wissenschaftliche Werke und Zeitschriften umfassend zu sammeln versuchen. Für Öffentliche Bibliotheken bedeutete dies, Materialien aus vielen Bereichen, nicht nur populäre Romane, zu sammeln. Das ist der Grund, warum Schulbibliotheken existieren.

Alphabetisierung, Lernen und Gelehrsamkeit werden seit jeher mit Bibliotheken in Verbindung gebracht. Tatsächlich waren die meisten Bibliotheksdirektoren im Mittelalter Gelehrte. Um 1900 bewirkte dieses Argument – Bibliotheken sind Orte des Lernens –, dass öffentliche Bibliotheken zu „Volksuniversitäten" erklärt wurden. Melville Dewey, Vater der Dewey Decimal Classification, glaubte, dass öffentliche Bib-

---

36 http://dclibrary.org/labs/dreamlab (Letzter Zugriff am 8. Dezember 2015)

liotheken und Grundschulen ganz ähnliche Bildungseinrichtungen seien. Tatsächlich sammelten öffentliche Bibliotheken keine Fiction oder andere populäre Schriften, weil damals die allgemeine Alphabetisierung oder „die Liebe zum Lesen" anders als heute in keinem Zusammenhang mit Lernen gesehen wurde.[37]

Heute verfolgen Bibliotheken nach wie vor das Konzept des Lernens als Teil ihrer Mission. Eine der erfolgreichsten nationalen Marketing-Kampagnen überhaupt waren die Plakate der *American Library Association* mit der Aufschrift *Lies!* Prominente forderten Jedermann dazu auf, ein Buch in die Hand zu nehmen und zu lesen. In den Programmen zum „Sommerlesen" wurde zu regelmäßigem Lesen als notwendige Voraussetzung für lebenslanges Lernen ermutigt. Schulbibliotheken engagieren sich in ihren Curricula im großen Maße für die Vermittlung von Lesefähigkeiten und bieten Kurse von der Vermittlung von Basisfertigkeiten über die Vermittlung von Recherchetechniken bis zu Übungen im kritischen Denken an. Sogar wissenschaftliche und Unternehmensbibliotheken engagieren sich für die Entwicklung von Lese- und Schreibfähigkeiten, wenngleich mit besonderem Blick auf Medien und soziale Kompetenzen (zum Beispiel Identifizierung von Trends in den Sozialen Medien oder die Interpretation visualisierter Daten).

Obwohl dieses Argument für Bibliotheken an Bedeutung gewinnt, räume ich ein, dass es sich um eine vage Rechtfertigung handelt. Zum Beispiel: Reicht es aus, eine an Ressourcen reiche Umgebung zu schaffen, um das Lesen zu fördern? Wenn ich einen Zweijährigen inmitten einer gut ausgebauten Bibliothek zurücklasse, darf ich bei meiner Rückkehr zwei Tage später erwarten, ein lesendes Kind vorzufinden? Selbstverständlich nicht.

Wenn Sie mehr von Bibliotheken und Bibliothekaren erwarten, sollten Sie sie dazu drängen, sich nicht nur von Argumenten des gesunden Menschenverstandes leiten zu lassen, vielmehr ihre Erfolge messbar zu machen. Zum Beispiel: Arbeitet Ihre Öffentliche Bibliothek direkt mit den K-12-Schuldistrikten zusammen? Wie passt der Bestand der wis-

---

37 Kruk, M. (1998). Death of the public library: From 'people's university' to 'public-sector leisure centre'. The Australian Library Journal. 47(2), 157. Retrieved from http://www.eric.ed.gov/ERICWebPortal/search/detailmini.jsp?_nfpb=true&_&ERICExtSearch_SearchValue_0=EJ5722 13&ERICExtSearch_SearchType_0=no&accno=EJ572213

senschaftlichen Bibliothek zu den Bachelor- und Master-Studiengängen, die an einem College angeboten werden? Welche Kurse, Curricula und Dienstleistungen werden angeboten, von wem, für wen und mit welchen Erfolgen? Eine bloße Anhäufung von Ressourcen fördert keine Bildung. Sie bedeutet nur Horten.

Wir kehren zu diesen Themen im weiteren Verlauf des Buches zurück. Doch zuvor wenden wir uns den Bibliotheken und ihrem Netz sozialer Sicherheit zu.

Sicherheitsnetz

Wenn Sie an das Netz für soziale Sicherung denken, dann fallen Ihnen wahrscheinlich die Armen ein. Aber ja, einige Bibliotheken versorgen jene mit einem Zugang zu Ressourcen und Dienstleistungen, die sich das am wenigsten leisten können. Allerdings geht das Sicherheitsnetz der Bibliotheken weit über diese sozioökonomische Schicht hinaus. Nur sehr wenige können sich die Hunderttausende Dollar leisten, die Bibliotheken für die Verfügbarmachung von Recherchen in Datenbanken zahlen.

Aber das Sicherheitsargument ist bei weitem nicht auf die Finanzierung von Ressourcen beschränkt. Öffentliche Bibliotheken haben seit langem Informationen zu jenen Menschen gebracht, die sich diese sonst nicht hätten leisten können. Das ist zum Teil das Argument, Ressourcen für den gemeinsamen Einkauf zu poolen, aber das gegenwärtige Sicherheitsnetz schließt auch den Internetzugang zu Dorfbibliotheken ein und versorgt abgelegene Regionen mit Bücherbussen. Eine Studie von 2014 fand heraus, dass 98% aller öffentlichen Bibliotheken in den USA einen freien Zugang zum Internet gewähren.[38] In Vermont half die Landesregierung beim Aufbau eines Gigabit-Fiber-Netzwerks, das die ländlichen Bibliotheken innerhalb des Landes verbindet und jede Bibliothek zu einem Zugangspunkt für Unternehmen und private Haushalte in den Dörfern macht.[39]

---

38 http://www.ala.org/news/press-releases/2015/10/new-research-highlights-libraries-expanded-roles
39 http://www.telecomvt.org/fiberconnect_libraries

In dieser Zeit digitaler Netzwerke haben Bibliotheken jeden Typs das Soziale Sicherungsnetz über die Verfügbarmachung von Zugangspunkten hinaus erweitert, um die neue und wachsende digitale Spaltung zu überwinden – durch Wissen. Obwohl es eine große Herausforderung bleibt, Menschen mit dem Internet zu verbinden, und Internet-Werkzeuge für Leben und Arbeit immer notwendiger werden, besteht die aktuelle Herausforderung darin, den Menschen zu helfen, die neuen Werkzeuge zu ihrem Vorteil zu nutzen. Nach Weihnachten 2011 waren die öffentlichen Bibliotheken mit Menschen überfüllt, die iPads oder Kindle-Lesegeräte geschenkt bekommen hatten. Viele hatten Tablets gekauft oder geschenkt bekommen, ohne zu wissen, dass sie ein drahtloses Netz benötigten, um das Tablet zu nutzen. Die Bibliothekare halfen ihnen bei der Einrichtung und zeigten den Leuten, wie sie das WLAN der Bibliothek nutzen konnten, um Bücher, Musik-CDs und Videos herunterzuladen. Tatsächlich bieten 90% aller öffentlichen Bibliotheken ein „Basistraining in Digitalen Kompetenzen" an, und eine deutliche Mehrheit unterstützt Trainingskurse über neue technische Geräte (62%), Sicherheit im Netz (57%) und Nutzung Sozialer Medien (56%)[40].

Falls Sie denken, dass es ganz nett ist, aber nicht unbedingt notwendig zu wissen, wie man mit einem Tablet umgeht oder im Netz surft, dann sollten Sie wissen, dass der *Internal Revenue Service* (also die US-Finanzbehörde) 2014 die Verfügbarmachung gedruckter Formularen und Booklets mit Instruktionen für Steuererklärungen eingestellt hat. Das führte dazu, dass *„76% der Bibliotheken ihren Mitgliedern helfen, die Online-Programme und -Dienste der Regierung zu nutzen"*. Immer mehr lokale, regionale und nationale Verwaltungsstellen schließen ihre Zentren mit persönlicher Beratung und stellen alle Printdienste für den Umgang mit Behörden ein. Um ein aktiver Bürger zu sein, um Ihre Steuern zu zahlen, sich um eine Anstellung zu bewerben und um über Ihr Umfeld auf dem Laufenden zu sein, müssen Sie sich mit anderen vernetzen und wissen, wie man die bestehenden Netzwerke nutzt.

---

40 http://www.ala.org/news/press -releases /2015/10/new-research-hightlights-libraries-expanded-roles.

Wenn Sie die bestehende Wissenslücke schließen möchten, sind es nicht nur die Öffentlichen Bibliotheken, die die Löcher im Sicherheitsnetz stopfen. Schulbibliotheken leihen ihre Bücher nicht mehr nur an Schüler aus, sondern auch an deren Eltern. In jeder wissenschaftlichen Bibliothek vermitteln die Bibliothekare den Studenten Recherchefähigkeiten, die in ihren Hochschulkursen nicht vermittelt werden. Rechtsbibliothekare ergänzen die juristischen Kenntnisse von Rechtsanwälten und Richtern um wichtige Fähigkeiten im Bereich der Informationskompetenz. Im Justizministerium sind einige Bibliothekare Mitglieder in Teams der Strafverfolgung geworden. Ihre hauptsächliche Arbeit besteht darin, Experten zu finden, die vor Gericht als Zeuge aussagen können.

Abermals gelangen wir an einen Punkt, wo wir mehr von Bibliotheken erwarten sollten. Zunehmend suchen die Behörden auf allen Ebenen nach einer Technologie. die ihre persönlichen Kontakte mit der Öffentlichkeit verringern. Steuerberatung, Arbeitsvermittlung und Soziale Dienste verringern ihre Angebote und überlassen den Bibliotheken einen Teil ihrer Aufgaben als allgemeine öffentliche Kontaktpunkte. Wenn Bewerbungen online übermittelt werden, wenn die Unternehmen ihre Geschäfte mit Administrationen online abwickeln, wenn Literatur und Musik online gehen, benötigen wir Bibliothekare und Bibliotheken, die den Bürgern mehr helfen als nur Formulare auszuhändigen und auf PCs zu zeigen. Wir brauchen Bibliothekare, die uns Fähigkeiten vermitteln, Probleme zu lösen, und die sich letztendlich in den Dienst ihrer Community stellen.

Bewahrer des kulturellen Erbes

Im dritten Stockwerk der Zentralbibliothek der Free Library in Philadelphia finden Sie eine weitere Bibliothek – ja, eine andere Bibliothek innerhalb der Free Library. Es ist die Bibliothek von William McIntyre Elkins, einem reichem Investment-Banker von Philadelphia zu Beginn des 20. Jahrhunderts und ein bekannter Sammler von Büchern[41]. Dies

---

41 Shaffer, E. (1956). *Portrait of a Philadelphia collector: William McIntire Elkins* (1882–1947). Retrieved from http://libwww.freelibrary.org/dickens/Elkins_Portrait_Essay.pdf

ist keine Imitation der Originalbibliothek, es ist die Bibliothek selbst, die in ihrer Gesamtheit von Elkins Haus in die Free Library gebracht wurde. Nicht nur die Bücher, auch der Schreibtisch, der Globus, die holzgetäfelten Wände, der Teppich – die vollständige Bibliothek von Elkins. Offen gesagt, es wird einem etwas unbehaglich, wenn man dort hineinspaziert. Jedoch ist es für größere Bibliotheken nicht ungewöhnlich, solche Spezialsammlungen zu besitzen.

Die Bedeutung der Bibliotheken für die Bewahrung unseres kulturellen Erbes ist kein Argument, das Sie in diesen Tagen häufig hören. Der Schwerpunkt der Bibliothekstätigkeit in den letzten dreißig Jahren konzentrierte sich auf Informationen und Ressourcen, die einen direkten und unmittelbaren Einfluss auf wissenschaftliche Fähigkeiten, Lernen und Regenerierung haben. Aber in vielen Jahrhunderten und in vielen anderen Ländern war die Bewahrung des kulturellen Erbes (wie es sich in Kunstwerken, Manuskripten und Ähnlichem manifestiert) der hauptsächliche Grund, um Bibliotheken zu unterhalten. Darum finden Sie eine Originalfolio-Ausgabe von Shakespeares Werken in der Öffentlichen Bibliothek von Dallas und eine Gutenberg-Bibel im Ransom-Zentrum der Universität von Texas.

In den nordischen Ländern sind Bibliotheken häufig gemeinsam mit Museen und Theatern in einem Gebäude untergebracht. Und bis zu diesem Tage gilt: Wenn Sie nach Italien fahren und nach einer Öffentlichen Bibliothek suchen, wird Ihnen schwerfallen, eine zu finden. Das ist so, weil Bibliotheken meistens nicht für gelegentliche Besucher da sind, vielmehr existieren sie für die Wissenschaftler und Studenten. Wie ein italienischer Bibliothekar es mir gegenüber ausdrückte: „In Italien fragen wir in der Bibliothek nicht nach einem Rezept für Saucen. Dafür haben wir unsere Mütter." Mit anderen Worten: Die Bibliothek ist nicht als Ratgeber für das alltägliche Leben da.

Viele US-Bibliotheken, insbesondere wissenschaftliche Bibliotheken, haben erstaunliche Bestände an Kunst und historischen Schätzen aufgebaut. Allerdings wird „Kulturelles Erbe" auch in Bibliotheken heute anders als früher verstanden. Zusätzlich zum Bewahren der kulturellen Artefakte der Vergangenheit treten Versuche, die Kultur des Jetzt im regionalen Umfeld der Bibliotheken einzufangen. Heute arbeiten die Bibliothekare mit Freiwilligen und Studenten, die ins Umfeld hinausgehen und sich von den Bewohnern Geschichten erzählen zu lassen, sie digitalisieren Fotos aus Schuhschachteln und erschaffen „Orale Geschichten". So sorgen sie dafür, dass die Einwohner ihr Erbe an künftige Generationen weitergeben können. Dies lässt sich in großem Stil in der *Library of Congress* beobachten, wo 60.000 Interviews von StoryCorp mit Amerikanern des alltäglichen Lebens[42] archiviert wurden, und ebenso in der Digital Public Library of America[43]. Die Digital Public Library of America[44] besteht aus einer Partnerschaft aus über 1.300 Bibliotheken, Museen und Einrichtungen des kulturellen Erbes in vielen Regionen Amerikas, die den Zugang zu sieben Millionen digitalen Dokumenten (Bilder, Karten, Photos, Kunstwerken usw.) und eine Reihe von Tools verfügbar machen, um das kulturelle Erbe einzufangen und mit Schulen und Familien zu teilen.[45]

Unsere Geschichte, wie wir uns selbst früher sahen, ist von vitaler Bedeutung, wie wir uns weiterentwickeln. Jedoch sollten unsere Bibliotheken nicht nur Räume der Erinnerung an die Werke großer Männer der Vergangenheit sein, sondern auch unsere eigene Geschichte einfangen, wie sie sich heute entfaltet. Nehmen Sie die Elkins-Bibliothek von Philadelphia. Wenn Sie sie besichtigen wollen, nehmen Sie einen Fahrstuhl, fahren in den dritten Stock und klingeln dort. Innerhalb der nächsten zwanzig Minuten wird man Sie einlassen. Wir brauchen unsere Geschichte so hautnah, um sie in unsere Zukunft integrieren zu können.

Third Space

Der Soziologe Ray Oldenburg hat festgestellt, dass eine lebendige Community drei „Spaces" (Räume) besitzt, das Zuhause, den Arbeitsort sowie einen gemeinschaftlichen „Dritten Raum". Hier geht es vor allem darum, dass Communities, um lebendig zu bleiben, allgemein zugängliche Räume für ihre Mitglieder für Zusammenkünfte benötigen – unabhängig von ihrer Familie und von ihrer Arbeit.

42 https://storycorps.org/about/press-room-news/
43 http://www.loc.gov/folklife/storycorpsfaq.html
44 http://dp.la
45 http://artsbeat.blogs.nytimes.com/2014/04/22/digital-public-library-of-america-marks-a-year-of-rapid-growth/?_r=0

Fast alle Bibliotheken dienen als „Dritte Räume". Besonders Öffentliche Bibliotheken sind eine der wenigen verbliebenen öffentlichen Räume für alle Mitglieder ihres Einzugsbereiches. Universitätsbibliotheken haben Cafés und andere Treffpunkte eingerichtet, damit die Studierenden den Wohnheimen und Klassenzimmern entfliehen können. Schulbibliotheken werden oft als sichere Rückzugsräume für Schüler gesehen, die nicht gut in die Welt der Cliquen passen.

Während die Nutzung von mehr und mehr Gemeinschaftsräumen eingeschränkt wird oder für andere Bedürfnisse der Community herhalten müssen (so immer wieder für die wirtschaftliche Entwicklung), werden Räume in Bibliotheken – ob nun physisch oder virtuell – zunehmend wichtiger, um die Mitglieder der Community zusammenzubringen.

Eine Bibliothek, die als „Dritter Raum" fungiert, liegt in Pistola nahe Florenz. Die San Giogio Bibliothek wurde im wortwörtlichen Sinn als „Piazza", als ein neuer öffentlicher Platz für die Bürger dieser antiken toskanischen Stadt, errichtet. Neben einem großzügigen Angebot an Versammlungsräumen und den Beständen der Bibliothek gibt es ein lebendiges Café und ein Kino. Dazu finden jede Menge Veranstaltungen statt, die von den Mitgliedern der Community gestaltet werden. Die Bibliothekare greifen dabei auf viele Freiwillige – von Stahlarbeitern bis Psychologen – zurück.

In der Bloor Reference Library der Toronto Public Library können Bürger in von Glaswänden umgebenen *Study Pods* arbeiten oder Vorlesungen in dem massiven mehrstöckigen Atrium besuchen. Über die Jahre hat sich die Cuyahoga Public Library außerhalb Clevelands als *Agora v*ermarktet, dem griechischen Begriff für den Markt einer Community. Die Fairfield Public Library in Connecticut hat eine Art Baumhaus errichtet, in dem die Kinder innerhalb der Bibliothek lesen, lernen und spielen.

Was Toronto, Pistoia, Cuyahoga County und Fairfield gemeinsam haben: Sie dienen als „Dritte Orte", die die Kultur und die Bedürfnisse der Communities, denen sie dienen, aufnehmen und auf sie aufbauen. Sie sollten von Ihrer Bibliothek gleichfalls erwarten, dass sie die besonderen Bedingungen ihrer Community in ihrer Arbeit reflektiert. Es gibt keinen Vorlage, es gibt keinen Masterplan für die Räume, die Communities in ihre Bibliotheken aufbauen. Aber die Tage des MacDonald-Ansatzes, nach der Bibliotheksarchitektur immer gleich aussieht, unabhängig davon, welchen Gruppen eine Bibliothek dient, sind vorüber. Der „Dritte Ort" einer Bibliothek sollte so unverwechselbar und originell sein wie die Menschen, die ihn nutzen.

Wiege der Demokratie

Um es klar zu sagen, Sie können Bibliotheken ohne Demokratie und Demokratie ohne Bibliotheken haben – man braucht nur einen Blick in die Geschichte zu werfen. Ich behaupte jedoch, dass Bibliotheken eine Voraussetzung für eine echte liberale Demokratie sind.

Die Vereinigten Staaten sind eine liberale Demokratie. Kanada ist eine liberale Demokratie. Frankreich, Deutschland, Indien und Israel sind gleichfalls liberale Demokratien. Die Liberalität einer Demokratie hat nichts mit einer politischen Partei zu tun und nicht einmal damit, wie fortschrittlich ein Land in sozialer Hinsicht ist. Sie beruht auf dem Glauben, dass Demokratie mehr als Wählen bedeutet. Eine liberale Demokratie schließt den Schutz der Bürgerrechte ein und garantiert einen verfassungsgemäßen Schutz gegen übermäßige Eingriffe der Regierungsgewalt. Das ist eine wichtige Modifizierung, wie staatliche Macht ausgeübt wird. Der Irak unter Saddam Hussein war nominell eine Demokratie. Hussein wurde mit 99% aller Stimmen zum Präsidenten gewählt. Aber nur wenige werden den Irak als eine wahre Demokratie gesehen haben.

Warum sind Bibliotheken für eine liberale Demokratie derart wichtig? Kurz gesagt setzt eine wahre Demokratie die Partizipation informierter Bürger voraus. Das Herzstück der Mission Öffentlicher, Schul- und weiterer Bibliotheken besteht darin, eine Nation aus informierten und aktiven Bürgern zu bilden.

Wenn die liberalen Förderer von Bibliotheken dieses Argument heranziehen, nutzen sie häufig eines oder mehrere der folgenden Zitate:

„Die Menschen sind die einzigen Überwacher ihrer Regierungen und sogar ihre Irrtümer tragen dazu bei, dass sich die Regierenden an die wahren Prinzipien ihrer Institutionen halten. Die Fehler der Bürger zu hart zu bestrafen, würde bedeuten, die einzigen Wächter der öffentlichen Freiheit zu unterdrücken. Eine Möglichkeit, die Bürger vor Irrtümern zu bewahren, besteht darin, ihnen vollständige Informationen über die Regierungsgeschäfte durch öffentliche Publikationen zu geben, und darum zu kämpfen, dass sich diese Informationen unter allen Bürgern verbreiten. Die Basis unserer Regierung ist die Meinung der Menschen. Das vornehmste Ziel sollte sein, dieses Recht aufrechtzuerhalten; und wenn es an mir läge, zu entscheiden, ob wir eine Regierung ohne Zeitung oder Zeitungen ohne Regierung haben sollten, ich würde keinen Moment zögern, mich für das letztere zu entscheiden. Aber ich meine, jeder Mensch sollte diese Veröffentlichungen erhalten und fähig sein, sie zu lesen.“

Thomas Jefferson

„Es gibt keine andere Wiege der Demokratie auf der Erde als die Freie Öffentliche Bibliothek, diese Republik der Buchstaben, wo weder Rang noch Amt noch Reichtum irgendeine Rolle spielen.“

Andrew Carnegie

„Eine Regierung für das Volk ohne eine Information für das Volk oder ohne die Möglichkeit, diese Informationen zu erwerben, ist nichts als ein Prolog zu einer Farce oder einer Tragödie oder zu beidem. Wissen wird auf ewig über die Unwissenheit herrschen, und Menschen, die ihre eigene Regierung sein wollen, sollten sich mit der Macht des Wissens bewaffnen.“

James Madison

Diese drei Zitate haben eine Botschaft gemeinsam: Informierte Bürger sind unverzichtbar, um eine Demokratie aufrechtzuerhalten. Jedoch wird in jedem der Zitate ein anderer Aspekt für die Aufrechterhaltung und die Partizipation in einer Demokratie betont. Jefferson spricht über Transparenz, Carnegie über den Zugang zum Wissen und Madison über Bildung. Gute Bibliotheken übernehmen alle drei Forderungen. Beginnen wir mit der Transparenz.

Demokratie und Transparenz

In dem angeführten Zitat spricht Jefferson klar über die Presse und über die Zeitungen und nicht über Bibliotheken. Allerdings betont er die Notwendigkeit der Transparenz, ein Ziel, das Bibliothekare und Journalisten teilen. Eine funktionierende repräsentative Demokratie für die Bürger existiert nicht, wenn man nur Politiker in Ämter wählt und dann auf die nächste Wahl wartet. Es muss eine Überwachung der Aktivitäten gewählter Abgeordneter geben, um Missbrauch zu vermeiden und den öffentlichen Diskurs und die Politik zu gestalten. Watergate wurde nicht durch eine Wahl aufgedeckt, sondern durch das Finden von Dokumenten und den Nachweis korrupter Aktivitäten der gewählten Regierung.

Bibliotheken fördern das Ziel der Transparenz auf mehreren Wegen. Sie arbeiten innerhalb der Regierung, um die Arbeit von Regierungsstellen zu dokumentieren, zu archivieren und Informationen über die Arbeit der Regierungsstellen zu verbreiten. Wenn Sie beispielsweise jedes Gesetz kennen wollen, das vom Kongress beschlossen wurde, gehen Sie auf die Website der Library of Congress und recherchieren Sie in der Datenbank THOMAS.[46] Wenn Sie Zugang zu den Forschungsstudien haben wollen, die durch die National Institutes of Health gefördert wurden, klicken Sie sich in die National Library of Medicine und recherchieren in der Datenbank PubMed.[47]

Bibliotheken fördern die Transparenz auch außerhalb der Bundesregierung. Fast 1.250 wissenschaftliche und öffentliche Bibliotheken im Land sammeln Regierungsdokumente als Teil des *Federal Depository Library Programme*. Wenn eine Regierungsstelle einen Bericht, eine Broschüre, ein Formular oder eine Verordnung gedruckt hat, hinterlegt sie sie in den Bibliotheken und diese müssen für den öffentlichen Zugang zu diesen Materialien sorgen.

Darüber hinaus hat jeder US-Staat eine öffentlich zugängliche Rechtsbibliothek, die die Gesetze, die Verordnungen und die gerichtlichen Entscheidungen auf Landesebene sammelt. Viele kommunale Bibliotheken sammeln die Sitzungsprotokolle der Stadträte und Kreis-

---

46 http://thomas.loc.gov/home/thomas.php (Letzter Zugriff am 8. Mai 2012)
47 http://www.ncbi.nlm.nih.gov/pubmed (Letzter Zugriff am 8. Mai 2012)

tage. Dahinter steckt die Idee, dass die Bürger die Arbeit ihrer Regierung überwachen und an der Entscheidungsfindung teilhaben.

Das sind enorme Herausforderungen, die den Bibliotheken und allen Bürger im Namen der Transparenz auferlegt werden (wie die Archivierung der Dokumente angesichts sich ständig ändernder Websites, die Klassifizierung von Dokumenten und vieles mehr). Wir werden darauf zurückkommen.

Demokratie und Zugang

Carnegie spricht in dem obigen Zitat über den gleichen Zugang aller zu den Informationen über die Arbeit des Staates. Natürlich vollbrachte er weit mehr als nur darüber zu reden. Er wird als eine Art Schutzheiliger der Bibliotheken angesehen, nachdem er etwa 2.500 von ihnen weltweit gebaut hatte.[48]

Zu Zeiten Carnegies bedeutete „Zugang" den Zugang zu den gedruckten Niederschriften der Gedanken in Büchern. Heutzutage haben Bibliotheken jeden Typs diese Idee auf viele andere Kanäle ausgeweitet. Dies ist am klarsten bei der Bereitstellung des Internet und der öffentlichen Verfügbarmachung von Computern in öffentlichen Bibliotheken zu sehen. Aber es zeigt sich auch an einer Bibliothekspolitik, die allen Bürger ihrer Gemeinde einen kostenfreien Bibliotheksausweis gibt. In vielen anderen Ländern muss man für einen Bibliotheksausweis oder die Nutzung der Computer zahlen. So kostet ein Bibliotheksausweis in der Bibliothek Amsterdam 20 Euro im Jahr oder 35 Euro, wenn Sie Bücher ausleihen wollen. Sie wollen Bücher für die Ausleihe reservieren? 55 Euro.[49]

Die Bedeutung des Zugangs ist auch in wissenschaftlichen Bibliotheken zu sehen, die sich für die breite Öffentlichkeit öffnen, statt den Zugang auf Mitglieder der Fakultät und auf Studenten eines bestimmten Colleges oder einer bestimmten Universität zu begrenzen. Die Bedeutung des Zugangs wird ferner an den Millionen von Dollar deutlich, die Landesbibliotheken für die landesweite Lizenzierung von Datenbanken ausgeben und damit einen gleichen Zugang zu den Ressourcen

---

48 http://carnegie.org/about-us/foundation-history (Letzter Zugriff am 8. Mai 2012)
49 http://www.oba.nl/oba/english/memberships-and-rates.html (Letzter Zugriff am 1. Dezember 2015)

für die Stadt, die Vorstädte und die ländlichen Gemeinden verfügbar machen.[50]

Natürlich wäre aller Zugang zum Wissen der Welt nutzlos, wüssten Sie nicht, was man mit den Informationen, auf die Sie zugegriffen haben, machen kann. Dies war Madisons Argument.

Demokratie und Bildung

Madison sagt: „Ein Volk, das seine eigene Regierung sein will, sollte sich mit der Macht des Wissens bewaffnen." Was ich an diesem Zitat absolut liebe, ist das aktive Verb „bewaffnen". Nur Zugriff auf Informationen zu haben, die eine arbeitende Demokratie hervorbringt, reicht nicht aus. Ein Gesetz online finden, ist nutzlos, wenn Sie nicht lesen können. Sogar wenn Sie lesen können, können wir davon ausgehen, dass Sie wissen, wie man mit einem Computer umgeht und ihn obendrein online nutzt?

Eine funktionierende Demokratie muss aktiv eine gebildete Bevölkerung hervorbringen (oder in Madisons Worten „mit Wissen bewaffnen"). Dieses Argument ist der Kern der Forderung nach einer öffentlichen Bildung in diesem Land. Wohl kämpft der öffentliche Bildungssektor mit einem zunehmend starren Curriculum und kommt auf eine Abbruchquote von 7% bei den Oberschülern (und 12% bei den Latinos und 7,8% bei den Kanadiern).[51] Die öffentlichen Grundschulen und weiterführenden Schulen haben die 36 Millionen US-Erwachsenen, die nicht besser als ein durchschnittlicher Drittklässler[52] lesen können, nicht einmal im Blick und auch nicht die 42% der kanadischen Erwachsenen in Kanada zwischen 16 und 65 Jahren mit nur armseligen Schreib- und Lesekompetenzen.[53]

Öffentliche Bibliotheken, Schulbibliotheken und wissenschaftliche Bibliotheken teilen sich die Aufgabe, die Bürger zu einer demokratischen Teilhabe zu befähigen. Es handelt sich um eine Erweiterung des Argumentes „Sicherheitsnetz". Aber hier geht es weniger um ein Sicher-

---

50 Ein Beispiel ist NOVELNY, das von der New York State Library betrieben wird.
51 http://nces.ed.gov/fastfacts/display.asp?id=16 (Letzter Zugriff am 1. Dezember 2015)
52 http://www.proliteracy.org/the-crisis/the-us-crisis (Letzter Zugriff am 1. Dezember 2015)
53 http://www.literacy.ca/literacy/literacy-sub

heitsnetz für wirtschaftliche Teilhabe oder für ein gutes Leben, sondern um ein Sicherheitsnetz, wie wir uns selbst regieren.

Demokratie und höhere Erwartungen

Demokratie ist keine einfache Sache. Demokratie ist nicht sauber und ordentlich. In unserem Alltag nehmen sich nur wenige von uns die Zeit, uns von unseren Verpflichtungen, unseren E-Mails und den täglichen Auseinandersetzungen zu lösen, um darüber nachzudenken, wie wir in das demokratische System hineinpassen. Was hinzukommt: In Ihrer Bibliothek finden Sie Bücher und Computer, aber wo bleibt die Demokratie? Unternimmt Ihre Bibliothek aktive Anstrengungen, um Sie zu einem aktiven Bürger zu machen?

Lassen Sie mich klar sagen, hier geht es nicht darum, politisch oder ideologisch zu sein. Noch geht es darum, ob Ihre Bibliothek an der Seite einer Partei oder eines Kandidaten steht. Vielmehr ist zu fragen, welchen Unterschied Ihre Bibliothek macht, wie Ihre Gemeinschaft regiert wird (ob es sich nun um eine Stadt, eine Universität, eine Schule oder ein Unternehmen handelt). Wussten Sie, dass die Hälfte des Budgets der Library of Congress in den sogenannten *Congressional Research Service* fließt? Dieser CRS „*...arbeitet exklusiv für den United States Congress, indem er den Kommissionen und Mitgliedern sowohl des Repräsentantenhauses als auch des Senats, gleich welcher Partei oder Gruppe sie angehören, politische und rechtliche Analysen zur Verfügung stellt. Als eine legislative Zweigstelle innerhalb der Library of Congress ist er seit fast einem Jahrhundert eine hochgeschätzte und respektierte Ressource auf dem Capitol Hill.*"[54]

Verfügt Ihre Bibliothek über einen ähnlichen Dienst, um Ihre lokalen Politiker, Verwaltungsleiter, Präsidenten, CEOs oder Direktoren zu informieren? Sollte eine gute Schulbibliothek nicht bedeuten, dass die Schule einen gut informierten Rektor hat? Ein Teil der wachsenden Erwartungen an unsere Bibliotheken sollte darauf gerichtet sein, sich nicht mehr mit allgemeinen Phrasen über die Verbindungen zwischen Demokratie, informierter Community und Bibliotheken zu begnügen noch zu riskieren, dass eines der wichtigsten Argumente, warum wir Bibliotheken benötigen, hohl klingt.

---

54 http://www.loc.gov/crsinfo (Letzter Zugriff am 8. Mai 2012)

Ein Symbol für die Träume der Community

Bibliotheken haben immer von den Ideen, Hoffnungen und Träumen der Individuen gelebt. Bibliothekare können Ihnen erstaunliche Geschichten von Menschen erzählen, denen sie geholfen haben. Von der Rettung einer Frau vor einem Mann, der sie missbrauchte, über das Herausholen eines Obdachlosen aus der Armut und der Rettung des Lebens eines Krebskranken bis zur Inspirierung von Kindern – Bibliotheken haben einen Einfluss auf das Leben der Menschen.

Offen gesagt wünsche ich mir, Bibliothekare würden mehr über die Hoffnungen und Wünsche ihrer Gemeinschaft erzählen. Communities haben Träume. Sie sehnen sich danach, weltweit führende wissenschaftliche Einrichtungen zu sein oder Zentren für wirtschaftliche Entwicklung zu werden. Gemeinschaften träumen davon, komfortabel zu leben oder Marktführer zu sein. Sicherlich sind ihre Träume weniger präzise gefasst als die Träume ihrer einzelnen Mitglieder, aber sie repräsentieren eine Art ganzheitlicher Wünsche, die die Politik lenkt, Ressourcen zuteilt und der Außenwelt mitteilt, wie man werden will.

Bibliotheken sind ehrgeizige Institutionen geworden. Das Bibliotheksgebäude selbst ist Symbol für die Gemeinde und für den Wunsch einer Stadt, mit Wissen assoziiert zu werden. San Francisco, Seattle, Salt Lake City und Vancouver haben neue Bibliotheksgebäude dafür eingesetzt, ihre Innenstädte wieder zu beleben. Eine inspirierende Architektur hat die Bibliotheken zu den neuen Kathedralen gemacht – eine konkrete Möglichkeit für eine Stadt, auf die eigene Bedeutung hinzuweisen.

Die Macht der Architektur und die Aussagen, die speziell mit Bibliotheksgebäuden verbunden werden, können nicht von der Hand gewiesen werden. Die Stifter von Universitäten sind die Namensgeber von Bibliotheken und Architekten sind sehr stolz auf ihre wissenschaftlichen Bibliotheken und feiern das Gebäude selbst manchmal mehr als das, wofür das Gebäude steht.

Wenn wir jedoch an den Punkt kommen, dass wir mehr von den Bibliotheken erwarten, sollten wir die Attraktivität eines Gebäudes mit der Bedeutung der Dienstleistungen im Inneren und zunehmend auch außerhalb des Gebäudes vergleichen. Barbara Quint, eine Reporterin vom *Information Today Searcher Magazine* sagte einmal, dass Bibliotheken außerhalb ihrer Öffnungszeiten Korallenriffen ohne Fische gleichen – schön und eindrucksvoll, aber ohne Leben. Dies ist ein Kommentar, der uns rechtzeitig daran erinnert, worauf es bei Bibliotheken wirklich ankommt.

Entfernen Sie die Bibliothekare und die Mitarbeiter einer Bibliothek und lassen nur die Bücher, die Computer und die Architektur übrig, so behalten Sie die schöne Struktur einer Bibliothek, die aber nur ein Schnappschuss aus der Vergangenheit der Gemeinschaft ist. Doch wenn Sie die Bücher entsorgen und das Gebäude sprengen und eine Gruppe engagierter Bibliotheksprofessionals behalten, dann können Sie die Öffentlichkeit mit den Bibliothekaren zusammenbringen und diese gestalten gemeinsam die Zukunft.

Mehr denn je zuvor beruht die Zukunft jeder Gemeinschaft nicht auf den Reichtümern, die wir aus Glas und Beton in den Himmel hochziehen, sondern auf den Entscheidungen und Talenten der Mitglieder der Community. Diese sind keine passiven Konsumenten von Bibliotheksdienstleistungen oder Inhalten oder ein Publikum für den demokratischen Prozess, sie sind vielmehr der einzige Grund, warum wir hier sind. Sie verdienen ein neues Bibliothekswesen, eine neue Bibliothek, die radikale positive Änderungen bewirkt. Die Gründe, die ich soeben angeführt habe, machen deutlich, warum wir überhaupt Bibliotheken benötigen. Natürlich werden Sie diese Argumente sowohl von guten als auch von schlechten Bibliotheken hören. Die zentrale Frage lautet jedoch, wie erreichen wir, dass diese Rechtfertigungen pro Bibliothek in Ihrer Community Wirklichkeit werden und wie sich Bibliotheken ändern müssen, damit sie in Zukunft relevant bleiben.

3

Die Mission der Bibliotheken: Erwarten Sie mehr als Bücher

Die Bibliothek der Universität von Syracuse war voll. Es gab in den Regalen keinen Platz mehr. Das ist kein ungewöhnliches Problem für Bibliotheken jeden Typs und die Lösungen reichen von der Entsorgung von Büchern bis zur Errichtung neuer Gebäude. Syracuse versuchte zunächst das erste, dann das zweite und entschloss sich am Ende, einen Teil der Bestände in externe Speicher aufzubewahren. Die Bibliothekare stellten die am wenigsten genutzten Materialien zusammen (die in den letzten zehn Jahren nicht ausgeliehen worden waren) und brachten sie in ein Lager, das fünf Autostunden entfernt war. Wenn Material aus diesem Lager gebraucht wurde, wurde es zurück nach Syracuse gebracht oder es wurde digitalisiert und direkt auf den PC des Professors oder des Studenten geladen, die es angefordert hatten.

Sie mögen jetzt denken, dass es gar nicht so viele Bücher gibt, die über zehn Jahre nicht genutzt wurden, aber Sie irren sich. Wählen Sie eine beliebige Bibliothek aus und auch diese wird die so genannte 80/20-Regel befolgen. 80% der Nutzung beziehen sich auf 20% des Bestandes. Oder in anderen Worten: Sie könnten 80% des Bestandes wegwerfen und würden immer noch 80% aller Anfragen nachkommen. Warum sollte man also den Rest behalten? Nun ja, Sie wissen nie, ob ein Nutzer ein Buch aus den wenig genutzten 80% des Bestandes benötigt, um den Krebs zu besiegen – so etwas weiß man immer erst, wenn es soweit ist.

Die Bibliothek der Universität von Syracuse entsorgte trotzdem die wenig genutzten Bücher nicht. Sie brachte sie nur an einen anderen Ort. Diese Lösung schien logisch zu sein. Die Abteilung für Geisteswissenschaften auf dem Campus revoltierte jedoch. Professoren für Theologie, Oberseminare in Geschichte und fortgeschrittene Studenten in Englisch zogen in den Krieg. Sie lösten Sitzungen des Senats auf, organisierten Proteste in der Bibliothek und schrieben scharfe Leitartikel. „Warum können die Bücher nicht an einen Ort in der Nähe gebracht werden?" „Das war von vornherein ein schlechter Bestand und nun verschlechtern Sie auch noch die Lage?"

Obgleich die Bibliothekare einigen Widerstand gegen die Auslagerung erwartet hatten, wurden sie von der Stärke der Reaktionen überrascht. Viele Jahre hatten die Bibliothekare die Nutzung der Bibliothek erhöht. Nach der Einführung von Lerngruppen, Einrichtung von Treffpunkten, Eröffnung eines Cafés, Verfügbarmachung elektrische Anschlüsse und Einführung neuer Dienstleistungen wurde die Bibliothek mehr denn je genutzt. Die Bibliothek war voll, nicht nur mit Büchern, sondern auch mit Menschen. Das Problem bestand darin, dass die Geisteswissenschaftler den Kaffee und die Studenten, die ihre Geräte anschlossen, nicht als eine angemessene Nutzung von Räumen ansahen. Jeder Tisch war für sie ein Platz für mehr Regale und mehr Bücher. Solches sei, so sagten sie, der Zweck einer Bibliothek – Bücher und Materialien vorzuhalten, keine Konferenzräume und keinen Kaffee.

Die Idee, dass Bibliotheken für Bücher da sind, ist kaum auf die Geisteswissenschaften beschränkt. Einige Jahre früher begann in Syracuse (offensichtlich ein Hot Spot für Kontroversen um Bibliotheken) ein Recycling-Programm für Bücher. Einmal im Jahr konnten die Bewohner ihre alten Bücher in Kisten füllen und zum Schreddern abgeben. Was unmittelbar folgte, war ein Aufschrei besorgter Bürger, die öffentliche Bibliothek möge einschreiten. Recycle nicht die Bücher, sagten sie, schenke sie der Bibliothek! Die Bibliothek lehnte den Vorschlag ab, nicht, weil sie voll war, sondern weil ihre Mitarbeiter zu beschäftigt waren.

Die Bibliothek hatte nicht genug Mitarbeiter, um Aberhunderte von Büchern danach durchzusehen, was sie behalten wollte – zumindest sagte sie das anfangs. Als die Mitglieder der Community daraufhin Pfadfinder mobilisierten, die die Bücher sortieren sollten, kam der wahre Grund ans Licht. Wie sich herausstellte, hatten die Bibliothekare die Bücher zum Recyclen schon durchgesehen und nur alte und verrottende Bücher mit geringem Wert vorgefunden. Sie fanden auch heraus, dass Einwohner das Programm als eine Gelegenheit angesehen hatten, Zeitschriften wie *Hustler Magazine* zu recyclen. Die Bibliothekare waren daher wenig interessiert, Materialien wie diese Schulter an Schulter mit den Pfadfindern zu sichten.

Schulbibliotheken erhalten regelmäßig Ausgaben der Zeitschrift *National Geographic* geschenkt, weil die Leute denken, dass diese so wertvoll sind. Sie „müssen" diese Geschenke annehmen, weil sie so wertvoll sind. Dabei macht es nichts, dass es keinen Platz für die Aufbewahrung der Hefte gibt und alle Ausgaben in elektronischer Form verfügbar sind.

In Glendale, einer reichen Gemeinde nahe Cincinnati, starteten Bürger ihre eigene Bibliothek mit geschenkten Büchern. Sie stellten Regale auf und öffneten die Türen. Nach der ersten Woche versandete der Besucherstrom. Anscheinend suchten die Menschen keine Bücher zum Lesen, die sie selbst geschenkt hatten, und fuhren lieber zu den anderen drei öffentlichen Bibliotheken innerhalb eines Umkreises von acht Kilometern.

Alle diese Geschichten verdeutlichen einen der größten Mythen über moderne Bibliotheken – Bibliotheken sind für Bücher da. Es sei Ihnen vergeben, falls Sie das gleichfalls gedacht haben. Schließlich waren Bibliotheken im Buchgeschäft sehr erfolgreich und haben darüber hinaus ihre Marke „Buch-Bibliothek" in ihren Gemeinden im vergangenen Jahrhundert aufgebaut und gepflegt.

Auf den ersten Blick scheinen selbst die berühmtesten Standards für Bibliotheken nach Büchern zu rufen. 1931 schlug S.R. Ranganathan seine fünf Gesetze des Bibliothekswesens vor.[55] Diese Gesetze erlangten in der Diskussion über Bibliotheken eine zentrale Bedeutung:

1. Bücher sind für die Nutzung bestimmt.
2. Jedem Leser sein Buch.
3. Jedem Buch seine Leser.
4. Mit der Zeit des Lesers sparsam umgehen.
5. Die Bibliothek ist ein wachsender Organismus.

Die Idee, dass Bibliotheken mit Büchern zu tun haben, hat sich offensichtlich tief in die DNA des Bibliothekswesens eingeprägt.

---

55 http://babel.hathitrust.org/cgi/pt?id=uc1.b99721;page=root;view=image;size=100;seq=11

Lassen Sie uns ein weiteres Mal auf diese Regeln schauen. Wie zentral sind die Bücher in den obigen Gesetzen? Wenn Ranganathan 2000 Jahre früher gelebt hätte, hätte er dann gesagt, „Schriftrollen sind für die Nutzung bestimmt"? Wenn Sie den Begriff „Buch" durch E-Book oder Webseiten ersetzen, sind diese Ideen weiterhin wahr? Ich denke doch! Diese Gesetze sagen in Wahrheit, dass das Zentrum einer Bibliothek die Community ist. Die Arbeit einer Bibliothek besteht in der Erfüllung der Bedürfnisse der Mitglieder seiner Gemeinschaft, nicht in der Lagerung von Materialien.

Bibliotheken, gute wie schlechte, haben über Tausende von Jahren existiert. Während dieser Zeit waren sie Lagerstätten für Materialien, aber sie waren auch Orte der Gelehrsamkeit, die Dokumentare für die Arbeit der Nationalstaaten sowie Brutstätten früher wirtschaftlicher Entwicklung. Tatsächlich ist die Idee, dass eine Bibliothek ein Gebäude ist, das bis zur Decke mit Büchern und Dokumenten gefüllt ist, nicht mehr als ungefähr achtzig Jahre alt.

Schauen Sie sich die heutige Free Library von Philadelphia an.

Abbildung 1: Das gegenwärtige Musikzimmer der Free Library von Philadelphia

Bücher auf Regalen rund um die Säulen. Nun sehen Sie sich diesen Teil der Bibliothek aus den späten 20er Jahren an.

Abbildung 2: Musikzimmer der Free Library von Philadelphia um 1927 [56]

Ja, das ist die gleiche Abteilung. Arbeitstische, natürliches Licht, mehr Platz für die Menschen, damit sie lernen können, als Plätze für die Bücher. Aber um es klar zu stellen, Bücher gab es in der Bibliothek immer schon, sie wurden lediglich auf Anfrage aus den Magazinen herausgegeben. Öffentliche Räume sind für Menschen da, Magazine für Materialien.

Wann haben wir damit begonnen, uns Bibliotheken als Sammlung von Büchern vorzustellen? Bibliotheken haben immer Sammlungen an Materialien untergebracht, aber das Konzept eines Repositoriums ist relativ neu. Es bildete sich, als Bibliotheken umfassende Bestände aufbauten, während zur gleichen Zeit die Preise für Papier und Druck drastisch einbrachen. Erst im 20. Jahrhundert begann die Massenproduktion von Büchern, die alsbald die Bibliotheken ebenso wie die Wohnzimmer und die Schulen füllten.

---

56 Musikzimmer der Free Library of Philadelphia um 1927. Retrieved from http://libwww.freelibrary.org/75th/SearchItem.cfm?ItemID=75A0262

Publizierte Titel

Abbildung 3: Wachstum der veröffentlichten Titel weltweit[57]

Diese Bibliophilie ändert nicht nur unseren Blick auf die heutigen Bibliotheken, sondern auch auf die Bibliotheken in der Geschichte.

Sehen wir uns die im ersten Kapitel erwähnte Bibliothek von Alexandria an. Die ursprüngliche Bibliothek war ein Wunder der antiken Welt. Heute stellt man sie sich als einen riesigen Bestand an Dokumenten aus der antiken Welt vor – und das war sie auch. Meine Lieblingsgeschichte ist die über die Schiffe, die Alexandria, einem der beschäftigsten Häfen jener Zeit, angelaufen waren. Soldaten kamen auf die Schiffe und beschlagnahmten jedes Dokument an Bord (einschließlich solcher, die als Ballast dienten). Die Dokumente wurden in die Bibliothek gebracht und kopiert und danach zurück auf die Schiffe gebracht.

Aber wenn Sie die antike Bibliothek für einen riesigen Dokumentenspeicher halten, ähnlich dem Bild von der heutigen Free Library von Philadelphia, dann irren Sie sich. Tatsächlich ähnelte die Bibliothek

---

57 Diese Daten entstammen den folgenden Quellen: Unesco. (1964). Statistical yearbook: Annuaire statistique = Anuario estadistico. Paris: Unesco. Wright, W. E., R.R. Bowker Company & Council of National Library Associations. (1956). *American library annual for.* New York: R.R. Bowker. The World almanac and encyclopedia. New York: Press Pub. Co. (The New York World)

von Alexandria viel mehr den Universitäten von heute. Auf dem Campus befanden sich Mehrzweckgebäude. Einer der wichtigsten war der Tempel, der den Musen – Museion genannt – geweiht war. Von daher kommt das Wort Museum. Das Hauptgebäude der Bibliothek war mehr ein Schlafsaal als ein Speicherplatz. Gelehrte aller Welt wurden zusammengebracht und ermutigt, miteinander zu reden und schöpferisch tätig zu sein. Dies war tatsächlich einer der frühesten Think Tanks und Innovationszentren in der Geschichte. Der Bibliothekar war einer der engsten Berater der Herrscher des Stadtstaates Alexandria, nicht weil er Zugang zu Materialien hatte, sondern Zugang zu Denkern.

Als die Bibliothek von Alexandria zerstört worden war, fand ein großer Teil des Bestandes eine neue Heimat im maurischen Spanien. Dort lagen die Dokumente nicht einfach herum, vielmehr wurden sie übersetzt, ergänzt und genutzt. Das kam während der ersten Kreuzzüge am Ende des Mittelalters ans Licht. Als die Kreuzfahrer Toledo „befreiten", fanden sie Bibliothek auf Bibliothek auf Bibliothek. Für sie muss es überaus erstaunlich gewesen sein zu sehen, dass eine dieser 80 Bibliotheken mehr Bände besaß als ganz Frankreich. Noch bemerkenswerter war, dass die Bürger von Toledo nicht nur einfach die Handschriften konservierten, sondern sie nutzten, um neue Formen der Architektur, neue Aquädukte und neue Regierungsverfahren zu entwickeln und dazu eine kleine Sache, die sich Algebra nannte (einschließlich des Konzeptes der Null). Tatsächlich schreibt ein Historiker den Bibliotheken der muslimischen Welt das Verdienst der Gründung der Universitäten und den Eintritt Europas in die Renaissance zu.

Im viktorianischen England verfügten die öffentlichen Bibliotheken über Spielsalons. Andrew Carnegie baute über 2.509 Bibliotheken[58] weltweit, um demokratische Teilhabe und sozialen Aufstieg zu ermöglichen. Öffentliche Bibliotheken verwandelten sich in Kunstgalerien. Sie fügten Bestände für Kinder hinzu, als das moderne Verständnis von Kindheit mit den ersten Gesetzen gegen Kinderarbeit aus der Taufe gehoben wurde. Bibliothekare haben sogar die Regale aus dem Bücherbussen herausgerissen, um sie in mobile „Makerspaces" zu verwandeln. Der Frysklab in den Niederlanden 57 ist ein mobiler Makerspace, gefüllt mit Laptops, 3D-Druckern und Laser-Beschriftern. Er fährt durch

---

58 https://www.carnegie.org/interactives/foundersstory/#!/ (Letzter Zugriff am 2. Dezember 2015)

die nördlichen Provinzen der Niederlande[59] und hält an den Schulen, um den Schülern die so notwendigen Materialien für die Bereicherungen ihrer Unterrichtsstunden zu bringen.

Mein Punkt ist hier: Sollten Sie glauben, dass eine Bibliothek ein Bücherhaufen in einem Gebäude ist (oder noch schlimmer, wenn Ihr Bibliothekar das denkt), dann müssen Sie von Ihrer Bibliothek mehr erwarten – eine ganze Menge mehr.

Heutzutage wandeln sich die großen Bibliotheken von ruhigen Gebäuden mit einem lauten Raum (oder zwei lauten Räumen) zu einem lauten Gebäude mit einem ruhigen Raum. Sie wandeln sich von der Domäne der Bibliothekare zur Domäne ihrer Communities.

Wer lenkt diesen Wandel? Wer gestaltet Ranaganthans „wachsenden Organismus"? Eine seit langem hochgehaltene Mission der Bibliotheken lautet:

Die Mission einer Bibliothek ist die Verbesserung der Gesellschaft durch die Förderung der Erschaffung von Wissen in der Community.

Zugegeben, dies sind meine eigenen Worte, aber das zugrundeliegende Konzept lässt sich in der Geschichte erkennen, wenn Wissenschaftler Bibliotheken organisierten, um die Forschungsagenda ihrer Colleges voranzubringen. Das gleiche lässt sich an den Bibliothekaren in Kenia und Ferguson sehen, mit denen dieses Buch begonnen hat. Schlechte Bibliotheken bauen nur Bestände auf. Gute Bibliotheken entwickeln Dienstleistungen (und der Aufbau eines Bestandes ist nur eine von vielen). Großartige Bibliotheken bauen Communities.

Steintafeln wurden Schriftrollen, Schriftrollen wurden Handschriften, Handschriften wurden Bücher und Bücher verwandeln sich rapide zu Apps. Die Werkzeuge, die Bibliothekare einsetzen, um ihre Mission zu erfüllen, jede Mission, verändern sich weiter. Der Zweck für den Einsatz dieser (und noch zu entwickelnder) Werkzeuge bleibt langfristig gleich. Bibliotheken sind für das Wissen da, nicht für die Werkzeuge.

In den weiteren Teilen des Buches schauen wir darauf, was Sie von einer Bibliothek im Einzelnen erwarten sollten, um ihre Mission zu erfüllen. (Was meine ich mit „verbessern", mit „Wissen", mit „Förderung" usw.?) Aber zuvor müssen wir uns mit zwei Themen auseinandersetzen – der Freude am Lesen und dem allgemeinen Nutzen einer Mission.

---

59 http://www.frysklab.nl (Letzter Zugriff am 2. Dezember 2015)

Liebe zum Lesen? Nicht wirklich

Schauen Sie ein weiteres Mal auf die Mission der Bibliotheken: Verbesserung der Gesellschaft durch die Förderung der Generierung von Wissen. Was ist aus der Förderung der Liebe am Lesen und der Freude an Büchern geworden? Wenn man mehr von den Bibliotheken erwartet, bedeutet dies, dass man das Lesen und die Literatur, Romane und Poesie, aufgeben muss? Der Grund, warum die Freude am Lesen in der allgemeinen Mission der Bibliotheken nicht genannt wird, liegt darin, dass sich nicht alle Bibliotheken in erster Linie um das Lesen kümmern. Schulbibliotheken und Öffentliche Bibliotheken sehen in der Förderung und Ausweitung von Lesefähigkeiten eines ihrer hauptsächlichen Ziele. Unternehmensbibliotheken und wissenschaftliche Bibliotheken setzen voraus, dass ihre Kunden über diese Kompetenzen verfügen. Wohl ist Lesen eine kritische Fähigkeit, um Wissen zu erzeugen, es ist jedoch nicht die einzige Straße, die zur „Erleuchtung" führt. Einige lernen durch Lesen, andere durch Videos, wiederum andere durch praktisches Tun, und die große Mehrheit kombiniert diese Möglichkeiten. Wir erwarten von unseren Bibliotheken, dass sie alle Formen des Lernens unterstützen.

Wenn die Leute mich nach Bibliotheken, dem Lesen und der von mir vorgeschlagenen Mission für Bibliotheken fragen, dann fragen sie normalerweise: *Kann ich die Bibliothek weiter nutzen, um einen guten Roman zu lesen oder eine DVD auszuleihen, ohne mich darüber zu sorgen, wie sich die Welt retten lässt? Hat das keinen Wert, wenn ich lese, nur um mich zu entspannen?* Meine Antwort lautet: „Ja!" und ich sage, dass Fiction genauso wichtig für das Lernen und den Erwerb von Wissen wie Non-Fiction ist. Geschichten handeln davon, wie wir träumen und unsere ethischen Grenzen prüfen. Ein guter Roman mag fundamentale Wahrheiten enthüllen, wie dies kein wissenschaftliches oder philosophisches Werk jemals kann. Zudem kommen Ideen und Inspirationen für großartiges Handeln von dort, wo wir es am wenigsten erwarten.

Ein großer Teil der Literatur über Bibliotheken konzentriert sich auf Konzepte für Information und Befähigung und ignoriert oft oder setzt schweigend voraus, dass sich die Bibliotheken dennoch um die Unterhaltungsliteratur und die Entwicklung von Lesefähigkeiten kümmern.

Sicherlich fokussiert sich dieses Buch auf Bibliotheken als Orte des sozialen Engagements und Lernens. Die Frage sollte nicht lauten: *Sollen Bibliotheken Unterhaltungsliteratur fördern?* Die Antwort auf diese Frage hängt von der Gemeinschaft ab, für die eine Bibliothek existiert – wie das ganz ähnlich bei der Sammlung von Kunst oder der Einrichtung von Parks der Fall ist. Die zentrale Frage kreist um Individuen, die leichte Literatur in etwas Soziales oder für ein größeres Ziel verwandeln wollen.

Ich lese ein Buch und ich liebe es. Das mag für mich ausreichend sein. Aber was geschieht, wenn mich ein schönes Stück Literatur inspiriert, meinen eigenen Roman zu schreiben oder ein neues Gerät zu erfinden oder eine Gruppe von Menschen zusammenzuführen, die das Buch lieben und mit seiner Hilfe handeln möchten? Es ist nicht die Rolle der Bibliothek, die Folgen einer Lektüre (oder einer Erfindung oder eines Films) im Voraus zu bestimmen, das käme dem zu nahe, den Menschen zu sagen, was sie lesen sollen und warum. Die Bibliothek sollte im Gegenteil eine Plattform für die Mitglieder der Community sein, damit diese ihre Liebe und Leidenschaft in etwas Gutes für die Community und/oder für sich selber verwandeln.

Je mehr wir etwas machen, desto besser werden wir dabei. Daher sollten wir das Lesen in allen Formen unterstützen, wo immer es angebracht ist (in der Bibliothek, in der Schule, auf dem Spielplatz, in den Ferien, im Laboratorium und in Video-Spielen). Wenn Sie die Begriffe *Wissen* und *Lernen* in diesem Buch lesen, denken Sie bitte nicht, dass ich mich auf jene Ideen beschränken will, die zu Lehrbüchern und wissenschaftlichen Beiträgen führen. Poesie, Romane und eine gute Science-Fiction-Geschichte tragen in gleicher Weise zur Mehrung des Wissens bei. Bibliotheken jeden Typs sollten bereit sein, diese Formen des Lesens zu unterstützen.

Damit wenden wir uns der Fragen zu, wie die Bibliotheken diese Ideen in ihren Mission Statements zum Ausdruck bringen.

Eine Mission ins Nirgends?

Ein Mission Statement ist eine wichtige Sache. Es stellt eine Art Konsensus dar, was eine Organisation für wichtig hält. Mit ihr beginnen wir zu sehen, welche Erwartungen die Bibliotheken an sich selbst und ihre Gemeinschaften richten. Sehen wir uns einige Mission Statements von Bibliotheken und weiteren Einrichtungen näher an.

Wir beginnen mit einer großen Mission von der New York Public Library:

„Die Mission der New York Public Library ist es, zum lebenslangen Lernen zu inspirieren, das Wissen zu erweitern und unsere Communities zu inspirieren."[60]

Das Wissen zu erweitern und Gemeinschaften zu stärken – das lässt sich kaum besser formulieren.

Wenn man das Wissen erweitern will, sollte man sich die Mission der Bibliotheken des Massachusetts Institute of Technology ansehen:

„Die Mission der MIT-Bibliotheken ist die Schaffung und Entwicklung eines Informationsumfeldes, das Lernen Forschung und Innovation im MIT fördert. Wir sind der Exzellenz in Dienstleistungen, Strategien und Systemen verpflichtet, die die Entdeckungen fördern, Wissen bewahren und die weltweite wissenschaftliche Kommunikation verbessern."[61]

Nun schauen Sie sich die Library of Congress an:

„Die zentrale Mission der Bibliothek ist es, den Kongress und danach die Bundesregierung und das amerikanische Volk mit reichen, vielfältigen und dauerhaften Quellen des Wissens zu versorgen, auf die man sich verlassen kann, um sich zu informieren, sich inspirieren zu lassen und sich zu engagieren, und ihre intellektuellen und kreativen Vorhaben zu unterstützen."[62]

Das ist eine klare Definition von Gemeinschaften, das amerikanische Volk, aber erst nach dem Kongress und der Bundesregierung.

Für Eltern, Lehrer, Verwaltungsfachleute und alle, die an Schulen interessiert sind, hier kommen großartige Mission Statements von Schulbibliotheken:

„Die Mission der Tehiyah Tag Schule ist, Neugier zu wecken, den Gemeinschaftssinn zu stärken und eine lebendige Verbindung zum Judaismus zu schaffen. In Tehiyah leben wir das Curriculum."[63]

---

60 http://www.nypl.org/help/about-nypl/mission (Letzter Zugriff am 2. Dezember 2015)
61 http://libraries.mit.edu/about/ (Letzter Zugriff am 2. Dezember 2015)
62 http://www.loc.gov/portals/static/about/documents/library_congress_stratplan_2016-2020.pdf
63 http://tehiyah.org/welcome/mission/ (Letzter Zugriff am 2. Dezember 2015)

Und:

Die Mission des Medienprogramms der Schulbibliothek ist,

- *ein integraler Teil der Whittier Grundschule und seines regionalen Umfeldes zu sein,*
- *eine gute Zusammenarbeit unter den Mitarbeitern sicherzustellen, um authentisches Lernen für alle Schüler zu fördern,*
- *qualitativ hochwertige Ressourcen und Instruktionen für Schüler und Lehrer zur Verfügung zu stellen,*
- *Lehrer und Schüler zu erfolgreichen Nutzern von Ideen und Informationen zu machen,*
- *lebenslanges Lesen sowohl zum Vergnügen als auch zur Informationsbeschaffung zu fördern.*[64]

Ich liebe sie – liebe sie alle. Diese Bibliotheken zeigen Ihnen, dass Mission Statements in vielen institutionellen Bereichen kurzgefasst und inhaltsreich sein können. Sie können auch zeigen, welchen Einfluss die Bibliotheken nehmen wollen und nicht das Zeugs, das sie sammeln. Es ist kein Zufall, dass die genannten Organisationen über internationale Reputation verfügen.

Nach diesen Mission Statements lassen Sie mich zu weniger inspirierenden Statements kommen. Ich habe die Namen dieser Bibliotheken in *Meine Stadtbibliothek* oder *Meine Collegebibliothek* verändert, um sie zu schützen, obgleich sie Kritik verdient haben.

„Meine Öffentliche Stadtbibliothek stellt Materialien in verschiedenen Formaten und verschiedene Dienste für Personen jeden Alters zur Verfügung, um den Bewohnern der Gemeinde zu helfen, Informationen zu erhalten, die sie für ihre persönlichen, ihre Bildungs- und beruflichen Bedürfnisse benötigen. Alle Dienstleistungen werden energisch betrieben, um deren Bekanntheit in der Öffentlichkeit zu erhöhen und dadurch die Lebensqualität aller Bürger in Meine Stadt zu steigern.“

Selbst wenn wir davon absehen, dass die Mission dieser Bibliothek klar aus Sammeln besteht, ein weiteres Element dieser Mission macht mich verrückt. Besteht die Mission einer Bibliothek darin, die Bibliothek zu bewerben? Und nicht nur einfach werben, vielmehr energisch Werbung betreiben?! Ist es nicht etwas arrogant zu sagen, dass sich das

---

64 http://education.fcps.org/whes/media_missionstatement (Letzter Zugriff am 2. Dezember 2015)

Leben der Bürger verbessern wird, wenn man weiß, dass dort eine Bibliothek existiert? Aber was sollte man anderes von dieser Bibliothek erwarten? Bestände ja, und dazu kommt die Haltung: „Erst einmal komme ich."

O.k., das nächste Statement:

„Die Mission von „Meine Stadtbibliothek" soll sein:
- *Hilfen für die Wünsche der Nutzer nach Regenerierung in ihrer Freizeit durch Verfügbarmachung von Bibliotheksmaterialien und Dienstleistungen.*
- *Hilfen für die kollektiven und individuellen Informationsbedürfnisse ihrer Kunden durch die Auswahl, Erwerbung, Katalogisierung, Organisation und Verteilung von Informationen und Materialien.*
- *Hilfen für die kulturelle Entwicklung individueller Nutzer und der Community von Meine Stadtbibliothek durch die Versorgung mit Materialien und begleitende Aktivitäten, die das Verständnis für die Entwicklung des internationalen, nationalen, kommunalen und individuellen Erbes und des Lebensstils fördern.*
- *Hilfen für die anhaltenden Bildungsbedürfnisse der Nutzer, die über die Unterstützung bei dem Erwerb eines akademischen Grades oder bei der beruflichen Qualifizierung hinausgehen, durch die Bereitstellung von Materialien zur Bewältigung des Alltags, zur Befriedigung der persönlichen Interessen und der Bewältigung der Anforderungen im Job.*

Meine StadtBibliothek erkennt den Einfluss der Technologie, speziell der elektronischen Kommunikation und Information, auf die Community von Meine StadtBibliothek. an. Die Bibliothek strebt danach, den Zugang zur Technologie in seinen verschiedenen Formaten zu identifizieren, herunterzuladen, zu organisieren und verfügbar zu machen. Indem sie ihre Mission erfüllt, unterstützt Meine StadtBibliothek voll das Prinzip der Freiheit der Meinungsäußerung und das Recht der Öffentlichkeit auf Wissen. Die Bibliothek fördert eine Atmosphäre des freien Austausches von Meinungen und einer Informationsversorgung ohne Bias und Diskriminierung."

Wow! Können Sie sich das als Aufdruck auf einem T-Shirt vorstellen? Mein hauptsächlicher Einwand lautet, dass das alles nur die Herausgabe von Materialien behandelt und von einer Teilhabe und einer Zusammenarbeit mit der Community nicht die Rede ist. Das weist auf einen weiteren interessanten Unterschied zwischen alter und neuer Sicht auf Bibliotheken hin, den der Bibliothek zu ihrer Community.

Bibliotheken *„für die Menschen"* ist die alte Sicht, auf Bibliotheken zu schauen. Sie sieht die Bibliothek als getrennt von der Community und als ein Anbieter von Dienstleistungen, die die Community nutzen und dafür zahlen, aber auch ignorieren und ablehnen kann. Die neue Sicht sieht hingegen eine *Bibliothek der Menschen*. Die Community ist ein integraler Teil dessen, was die Bibliothek tut, und die Bibliothekare sind mit Haut und Haaren Mitglieder dieser Community. Bibliothekare gehen ihrer Arbeit nach, nicht weil sie Dienstleister sind oder ein Produkt herstellen, das zu konsumieren ist, sie arbeiten vielmehr daran, die Community besser zu machen. Mitglieder der Gemeinschaft unterstützen die Bibliothek nicht, weil sie zufriedene Kunden sind, sondern weil die Bibliothek ein Teil dessen ist, was sie sind.

Dieses Konzept einer Bibliothek findet seine Entsprechung in einer demokratischen Regierung. Wenn sich die Menschen als Teil ihrer Regierung empfinden, werden ihre Ansichten repräsentiert und ihre Stimmen gehört und sie regieren sich selbst. Wenn sie jedoch die Regierung als eine ferne politische Klasse empfinden, kommt Unzufriedenheit auf (die im extremen Fall zum Arabischen Frühling führt). Bibliotheken müssen *Bibliotheken der Menschen* sein, nicht *Bibliotheken für Menschen*. Wenn ein Mitglied der Community eine Bibliothek betritt (oder sich dort einklickt), muss er oder sie das als Gelegenheit sehen, einen Beitrag zu leisten, seine Stimme zu Gehör zu bringen und die Einrichtung zu verbessern. Sonst ist die Bibliothek nur ein anderes Handelsgeschäft oder eine Vertriebsstelle für Blockbuster – mit Anstrengungen zum Vertrieb von Inhalten, dazu verurteilt, ersetzt oder aufgelöst zu werden.

Bibliothekare suchen exzellente Dienstleistungen verfügbar zu machen, nicht allein aus altruistischen Beweggründen, sondern auch aus dem selbstsüchtigen Grund, die eigene Stellung zu verbessern. Wenn der Bibliothekar seine oder ihre Arbeit gut macht, dann wird sich die Community positiv entwickeln, und eine besser gestellte Community wird die Situation des Bibliothekars verbessern. Das ist ein sich positiv verstärkender Kreis.

Hier kommen zwei weitere entmutigende Mission Statements, diesmal von wissenschaftlichen Bibliotheken:

„Die Universitätsbibliothek stärkt die Wissenschaft an Mein College, indem sie Informationsressourcen aus vielen Bereichen zur Verfügung stellt, präsentiert und aufbewahrt. Wir machen innovative Methoden in unserer Zusammenarbeit mit Wissenschaftlern und Studenten nutzbar, um ihnen zu helfen, alle jene Informationen zu entdecken, zu nutzen, zu organisieren und mit anderen zu teilen, die für ihre Forschung, ihre Lehre und ihr Lernen nützlich sind."

Ehrlich gesagt, dieses Statement ist weniger ungeheuerlich. Dennoch handelt es viel zu sehr von der Stärkung einer Institution durch die Vermittlung von Materialien (Informationsressourcen). Innovationen sind zwar an sich gut, sie beziehen sich hier aber nur auf Bibliotheksfunktionen. Es geht also nicht um Hilfen für Innovatoren oder die Förderung von Innovationen innerhalb der Gemeinschaft. Es sagt viel darüber aus, dass sich die Wissenschaftler und Studenten über die Zusammenarbeit in der Bibliothek positiv entwickeln werden, aber nichts darüber, was die Bibliothek von ihrer Gemeinschaft (und besser noch, mit ihrer Gemeinschaft) lernt.

Zum nächsten Statement:

„Die Mission von MeineCollege Bibliothek ist die Unterstützung von Forschung und Lehre durch die Versorgung mit einem exzellenten Bestand an Rechtsmaterialien auf höchstem Serviceniveau. In Übereinstimmung mit ihrer Mission fördert die Bibliothek die Erfüllung der wissenschaftlichen Bedürfnisse der weiteren MeineCollege-Gemeinschaft wie auch die der Wissenschaftler außerhalb MeinesColleges, die Zugang zu ihren einzigartigen Beständen verlangt."

In anderen Worten: Kommen Sie und holen sich Ihr Zeug, es ist wirklich großartiges Zeugs.

Lassen Sie uns zu den Öffentlichen Bibliotheken für ein weiteres Beispiel zurückkehren:

„Meine StadtBibliothek ist eine öffentliche Dienstleistungseinrichtung, um allen Einwohnern von Meiner Stadt einen umfassenden Bestand an Materialien auf verschiedenen Medien über das Wissen der Menschheit, ihre Ideen und Kulturen verfügbar zu machen einschließlich der Hilfen und Ermutigungen, sie zu nutzen. Eine besondere Aufmerksamkeit wird

auf populäre Materialien in allen Formaten für alle Altersklassen gelegt, auf die Versorgung mit Informationen für das lebenslange Lernen und auf das Fungieren als Bildungszentrum für alle Einwohner. Die Bibliothek ist insbesondere ein Ort für Kinder, wo sie die Freude am Lesen und den Wert der Bibliotheken entdecken."

Wo sollen wir mit unserer Kritik angesichts solcher an Materialien orientierter Ergüsse ansetzen? Wie wäre es mit Zweifeln daran, dass diese Bibliothek einen umfassenden Bestand zum Wissen, zu den Ideen und zur Kultur der Menschheit gesammelt hat? Hier wird zu viel versprochen und zu wenig gehalten. Hinzu kommt, dass angeblich allen gedient wird, und möchten wir wirklich, dass Kinder indoktriniert werden?

Eine Mission auf der Grundlage höherer Erwartungen an Bibliotheken

Bibliotheken haben also eine Mission: die Gesellschaft durch die Generierung von Wissen zu verbessern. Diese Mission ist im Vergleich zu denen der meisten anderen Institutionen einzigartig. Die Mission einer Bibliothek ist fast immer in der Mission einer größeren Organisation enthalten. Eine öffentliche Bibliothek ist Teil einer Stadt oder eines Kreises. Eine wissenschaftliche Bibliothek ist Teil eines Colleges oder einer Universität. Schulbibliotheken sind dafür da, die Mission einer Schule mit zu erfüllen. Unternehmensbibliotheken sind dafür da, zum Erfolg ihres Unternehmens beizutragen.

Wir kommen darauf zurück, wie die Mission der Bibliotheken, eine Community zu verbessern und weiter zu verbessern, erfüllt werden sollte und wie sich die Mission einer Bibliothek auf die Entwicklung einer Community auswirkt. Das erörtere ich in Kapitel 5, wenn ich zeige, was genau ich unter „Verbesserung einer Community" verstehe. Aber zuvor wenden wir uns der Frage zu, wie Bibliotheken ihre Mission tatsächlich erfüllen. Das führt uns vor allem zu der einen Frage: Was macht eine Bibliothek? Auf jeden Fall viel mehr als Bücher zu sammeln.

4

Das Generieren von Wissen fördern:
Erwarten Sie Kreativität

An einem kühlen Tag in einem sonst ungewöhnlich warmen Winter in Syracuse fuhr ich mit meinen beiden Jungen Riley (damals elf Jahre alt) und Andrew (damals acht Jahre) nach Fayetteville in die Öffentliche Bibliothek. Fayetteville ist ein wohlhabender Vorort von Syracuse, und die Öffentliche Bibliothek ist eine mit einem Preis ausgezeichnete Bibliothek, die in der ehemaligen Stickler-Möbelfabrik untergebracht ist. Die Jungen und ich wollten Lauren Britton treffen, eine Bibliothekarin dieser Bibliothek. Sie würde uns zeigen, wie 3D-Drucken funktioniert.

Vor ein paar Monaten hatte Sue Considine, die Direktorin der Bibliothek von FabLabs, mit großem Tamtam die Einrichtung eines Fabrikationslabors in der Bibliothek angekündigt. Bürger der Gemeinde würden mit 3D-Druckern und später auch mit anderen computergestützten Fertigungsanlagen arbeiten können. Lauren Britton hatte diese Idee entwickelt, als sie noch Bibliothekswissenschaft studierte, und sie und Sue verwirklichten jetzt diesen Traum.

Für unser Treffen hatte Lauren einen 3D-Drucker im Veranstaltungsraum bereitgestellt, einen MakerBot Thing-o-Matic[65]. Das ist eine ziemlich plumpe Kiste, etwa sechzig mal sechzig Zentimeter groß. Der MakerBot ist kein Spitzen-3D-Drucker – die kosten hunderttausende Dollars und werden von spezialisierten Herstellern weltweit genutzt. MakerBot dagegen ist eine quelloffene Maschine, die weniger als 2000 Dollar kostet und unter Anwendern eine ziemlich große Fangruppe hat. Der Drucker war mit einem Laptop verbunden.

In der folgenden Stunde zeigte Lauren meinen Jungen und mir, wie der Drucker funktioniert. Wir konnten selbst etwas entwerfen oder etwas aus tausenden Vorlagen aus dem Web zum Drucken herunterladen.

---

65 http://www.makerbot.com (Letzter Zugriff am 2. Dezember 2015)

Wir begannen mit einem einfachen Ring, den Andrew in die Schule mitnehmen und mit dem er vor den anderen Kindern der dritten Klasse damit angeben würde, dass er ihn in der Bibliothek selbst hergestellt hatte. Riley druckte einen Roboter aus.

Obwohl dieser MakerBot nur Gegenstände drucken konnte, die in einen Würfel der Größe zehn mal zehn Zentimeter passen, machte er auf erstaunliche Art deutlich, was noch kommen würde. Stellen Sie sich vor, dass Sie beim nächsten Mal, wenn Sie ein Ersatzteil brauchen oder ein neues Gerät erfinden oder eine Replik Ihrer Lieblingsstatue [66] haben wollen, diese einfach ausdrucken. Es gibt keinen guten 3D-Entwurf? Machen Sie einfach ein paar Fotos eines 3D-Objekts [67], oder drehen Sie es vor Ihrer Xbox Kinect [68] und schicken Sie das entstandene Modell an Ihren Drucker. Das ist nicht Science Fiction; es passiert bereits.

Wenn es nicht Science Fiction ist, stellen wir die Frage: Warum geschieht es in einer Bibliothek? Das ist keine rhetorische Frage. Diese Frage wurde vom Kuratorium der Fayetteville Free Library gestellt, von einigen Bibliothekaren dieser Bibliothek, und als die Ankündigung des FabLabs auf Technik-Internetseiten die Runde machte, auch von Scharen von Internetnutzern.

Statt gleich zu antworten, möchte ich die Frage erweitern. Schließlich habe ich gerade im Verlauf eines ganzen Kapitels argumentiert, dass nicht Bücher die Bibliothek ausmachen – machen denn FabLabs die Bibliothek aus? Wenn wir Bibliotheken nicht länger über Bestände und Medien definieren, was ist eine Bibliothek dann? Wenn ich von meiner Bibliothek erwarte, dass sie mir mehr bietet als ein Lager für Bücher zu sein, was sollte ich erwarten können?

---

66 http://gizmodo.com/5888230/the-smithsonian-turns-to-3d-printing-to-share-their-collection (Letzter Zugriff am 8. Mai 2012)

67 http://www.123dapp.com/catch (Letzter Zugriff am 8. Mai 2012)

68 Zollhöfer, M., Martinek, M., Greiner, G., Stamminger, M., Süßmuth, J. [leresistant] (9. Februar 2011). *3D face scanning with Kinect* [video file]. Abgerufen von http://www.youtube.com/watch?v=llNSQ2u2rT4&feature=related

Die Bibliothek als Förderer

Kurz gesagt, Bibliotheken fördern.

Mir ist bewusst, dass dies für einige vielleicht enttäuschend klingt. Revolutionen in Ägypten, Fabrikationslabors, ein Leuchtturm für die Ziele der Community zu sein, scheint ein stärkeres Wort zu fordern, z.B. ermächtigen, verfechten, inspirieren. Bibliotheken sollten all dies tun. Machen Sie sich bewusst, dass Fördern nur ein Teil einer größeren Aufgabe ist, nämlich der „Verbesserung der Gesellschaft durch die Förderung der Generierung von Wissen in der Community". Das Schlüsselwort ist „Verbessern". „Verbessern" ist eine aktive Handlung. Daraus folgt, dass „Vermitteln" auch eine aktive Handlung ist. Fördern bedeutet nicht, sich zurückzulehnen und zu warten, dass man gefragt wird.

Niemand hat je die Welt verändert, indem er gewartet hat, bis er gefragt wurde. Sie sollten erwarten, dass das Fördern der Bibliothekare und Bibliotheken initiativ, kooperativ und transformierend geschieht. Bibliotheken und Bibliothekare ermöglichen das Generieren von Wissen mit dem Ziel, Sie und Ihre Community klüger zu machen.

Bibliotheken erreichen dies auf vier Wegen. Sie:

1. ermöglichen Zugang,
2. geben Schulungen,
3. stellen ein sicheres Umfeld bereit und
4. bauen Motivation zum Lernen auf.

Ich habe mindestens einige dieser Punkte bereits angedeutet, als ich über Bibliotheken als Sicherheitsnetz gesprochen habe. Jeder dieser Wege kann als eine Art Kluft gesehen werden, die überbrückt werden muss, wenn man lernen will. Sie müssen Zugang zu Wissen haben. Wenn Sie Zugang haben, müssen Sie verstehen, wie man Wissen nutzt. Wenn Sie es nutzen können, brauchen Sie das Gefühl der Sicherheit. Und schließlich, selbst wenn Sie Zugang, Wissen und Sicherheit haben, müssen Sie Wissen anwenden wollen.

Alle Bibliotheken stellen den ersten Aspekt des Förderns zur Verfügung, sie bieten Zugang zu Wissen. Alle Bibliotheken versuchen – wenigstens in geringem Umfang – alle vier Anforderungen zu berücksichtigen. Viele Bibliotheken entsprechen den Anforderungen nicht, weil sie Wissen als Gegenstand betrachten, zu großen Wert auf Zugang legen und den Konsum von Wissen anstatt das Schaffen von Wissen unterstützen. Wenn unsere Bibliotheken unsere Gemeinschaften in der Zukunft unterstützen sollen, dann müssen sie ihre Arbeit über das ganze Spektrum verbessern.

Was ist Wissen?

Es wäre einfach, den Arten, wie die Generierung von Wissen ermöglicht wird, die Begriffe Buch oder Datenbank oder ein anderes Medium hinzuzufügen, beispielsweise: Zugang zu Büchern, Datenbanken, Medien ermöglichen. Fast alle Bibliotheken machen das. Das ist aber nicht das, was ich meine. Ich meine Zugang zu *Wissen*, und das ist etwas ganz anderes als Quellen, Bücher, Artikel.

Ein passives und bedächtiges Ansammeln von Fakten ist keinesfalls Wissen. Wissen ist keine Datenbank mit Artikeln noch ein Gebäude voller Bücher. Wissen wird nicht in Kilogramm oder Zentimetern gemessen. Wissen ist nicht statisch, nicht leidenschaftslos und gewiss nicht kalt.

Wissen ist von Natur aus menschlich und eng mit den Leidenschaften eines Individuums verbunden. Wissen ist dynamisch, es verändert sich ständig, es lebt. Wissen lässt uns die Welt, andere Menschen und die Realität in Frage stellen. Wissen ist eine Kraft, die Wirtschaft und Kunst antreibt und die Bibliothekare antreiben sollte, Dienstleistungen zu erbringen. Wissen entsteht in unseren Bibliotheken, Universitäten, Wohnungen, Bars und Autos. Wissen ist die Art, wie wir die Welt sehen, und Wissen legt fest, wie wir handeln.

Die Auffassung von Wissen als dynamischer Prozess und als etwas, das wir schaffen, ist wichtig, wenn wir darüber sprechen, von Bibliotheken mehr zu erwarten. Einfach gesagt, wenn Sie glauben, dass Wissen in Büchern, Datenbanken und Artikeln enthalten ist, dann ermöglichen Sie das Erstellen neuen Wissens durch das Sammeln und Bereitstellen von Büchern. Wenn Sie Wissen als etwas Dynamisches auffassen, das von Personen und der Gemeinschaft geschaffen wird, dann müssen Sie das, was eine Bibliothek tut, radikal verändern – Sie müssen die Bibliothek als aktiven Lernraum gestalten.

Die dynamische Auffassung von Wissen und Lernen verändert, wie wir Kinder in der Schule unterrichten. Die Tage, in denen das Modell *Der Weise auf der Bühne* für die optimale Form galt, Lernstoff zu vermitteln, sind dann gezählt. Jetzt sind Schüler daran beteiligt, Wissen zu schaffen, sie machen eigene Erfahrungen und arbeiten an Projekten. Dasselbe geschieht in beruflichen Schulungen. Stundenlange Powerpoint-Präsentationen werden durch Simulationen und Spiele ersetzt. Erkenntnis- und Lerntheorie lehren uns, dass Menschen keine leeren Eimer sind, die darauf warten, dass ein geschulter Redner sie mit Wissen füllt. Lernende sind eher aktiv und beziehen laufend neue Ideen und Fakten auf das, was sie bereits wissen. *Der Weise auf der Bühne* wurde durch den *Begleiter an der Seite* ersetzt. Unsere Bibliotheken müssen diese Veränderung ebenfalls vollziehen.

Diese neue Auffassung von Wissen als etwas aktiv Geschaffenem ist vermutlich die größte Veränderung in unseren Erwartungen, die wir vollziehen müssen, um die Bibliotheken zu bekommen, die wir verdienen. Wenn ich mein Wissen erweitern möchte, muss die Bibliothek mir ermöglichen, dies aktiv zu tun. Sicher reicht es in einigen Fällen aus, über etwas zu lesen, aber in vielen Fällen muss man üben, ausprobieren, erforschen, um zu lernen.

Buffy Hamilton, die Bibliothekarin der „Unruhigen Bibliothek" in der Creekview High School in Canton, nicht weit von Atlanta im Bundesstaat Georgia, weiß dies. Buffy verbringt nicht viel Zeit damit, Bücher zu ordnen oder in die Regale zu stellen. Sie ist damit beschäftigt, in Projekten wie Media21 zu unterrichten. Sie beschreibt das Projekt wie folgt:

„Die Schulbibliothekarin und der Englischlehrer der zehnten Klasse haben zusammengearbeitet, um eine semesterlange partizipierende Lernerfahrung zu schaffen und haben Soziale Medien und Cloud Computing genutzt, um gemeinsam Forschung und Wissen zu schaffen. Mit Werkzeugen wie Netvibes, Evernote, Google Sites haben Schüler Blogs geschrieben, zu Gruppenwikis beigetragen, sie haben Social Bookmarking genutzt, Forschungsportfolios zusammengestellt und Lernerfahrungen in einer Weise

präsentiert, die von einer ethischen Nutzung von Informationen und lizenzierten Medien zeugte. Das Programm wurde evaluiert mit Blick auf die Leistungsstandards des Bundesstaates Georgia und die Standards des Amerikanischen Verbandes der Schulbibliotheken für Lernende des 21. Jahrhunderts." [69]

Buffy steht nicht allein. Sue Kowalski ist die Bibliothekarin der Pine Grove Middle School in Ost Syracuse, New York. Im Jahr 2011 wurde ihre Bibliothek für das beste Schulbibliotheks-Programm des Jahres vom Amerikanischen Verband der Schulbibliotheken ausgezeichnet. Warum? Nicht für ihre Bestände oder für das Gebäude, sondern für die Lernerfahrungen der Schüler und dafür, dass in jeder Ecke der Schule Lernerfahrungen stattfinden. Sue stellt keine Bücher ins Regal. Stattdessen hat sie ein Schüler-iTeam aufgebaut, das sich um den Bestand kümmert – und neue Technologien selbst erlernt und unterrichtet, technische Probleme löst und sogar Veranstaltungen innerhalb und außerhalb der Bibliothek organisiert.

Wie verknüpfen und verbessern gute Schulbibliothekarinnen Lernerfahrungen – solche, wie sie für Ihre Schule fordern sollten? Joyce Valenza ist die Bibliothekarin der Highschool in der Gemeinde Springfield am Stadtrand von Philadelphia. Sie hat ein Manifest[70] zu dem Thema entworfen. Was Sie von einer Schulbibliothekarin in Bezug auf Lesen fordern sollten, fasst sie wie folgt zusammen:

- *Sie prüft neue Wege, um Lesen zu fördern. Sie führt Lernende zu Medien hin / versorgt sie mit Hörbüchern zum Herunterladen, Playaway-Geräten, Kindle-Lesegeräten, iPads, Nook-Lesegeräten.*
- *Sie tauscht E-Book-Apps mit Schülern für ihre iPhones, DROID Smartphones, iPads und andere mobile Endgeräte aus (siehe die Schulausgabe der App AccessMyLibrary aus dem Verlag Gale).*
- *Sie vermarktet, und die Schüler tauschen aus: Bücher, die in Sozialen Netzwerken wie Shelfari, Good Reads, LibraryThing erscheinen.*

---

69 http://theunquietlibrarian.wordpress.com/2011/01/05/ala-oitp-recognizes-the-unquiet-library-and-media-21-for-cutting-edge-technologies-in-library-services/ (Letzter Zugriff am 4. Dezember 2015)

70 Valenza, J. (October 2012). Manifesto for 21st century teacher librarian. http://www.teacherlibrarian.com/2011/05/01/manifesto-for-21st-century-teacher-librarians/ (Letzter Zugriff am 4. Dezember 2015)

- *Ihre Schüler bloggen, twittern oder tauschen sich in sozialen Netzwerken über die Bücher aus, die sie lesen*
- *Ihr Bildschirmschoner macht Werbung für gute Lektüre, nicht für Dell, Apple oder HP.*
- *Sie verlinkt kostenlos zugängliche E-Book-Bestände mit Werkzeugen wie Google Books und der Internationalen Kinderbuchbibliothek (siehe E-Book Pathfinder).*
- *Sie bespricht und bewirbt Bücher in ihrem eigenen Blog-Eintrag, Wikis und anderen Webseiten (siehe Reading 2.0 und das Book Leads Wiki, um Ideen zu sammeln, wie man Bücher bewerben kann).*
- *Sie bettet Hinweise auf Bücher in ihre Webseite ein, um Lesen zu fördern und Lernen zu unterstützen.*
- *Sie arbeitet mit Lernenden zusammen, um digitale Lesezeichen oder Werbeclips für Bücher zu erstellen und auszutauschen.*

Was Sie in Sachen Kommunikation und Veröffentlichung von der Schulbibliothekarin erwarten sollten, ist folgendes:

- *Sie weiß, dass Kommunikation das Endprodukt von Forschung ist und schult die Lernenden, wie sie kreativ kommunizieren und sich einbringen können. Sie prüft neue interaktive und spannende Werkzeuge für Schülerprojekte.*
- *Sie arbeitet mit ihren Lernenden zusammen. Sie lässt sie herein. Sie füllt ihren physischen und virtuellen Raum mit Schülerarbeiten und Schülerbeiträgen – ihren Videos, ihren Musikbeiträgen, ihrer Kunst.*
- *Sie schafft Bewusstsein dafür und zelebriert, dass Schüler ihre Arbeiten digital publizieren können (siehe die Ratgeber: Digitales Publizieren, Digitales Geschichtenerzählen).*

Beachten Sie den aktiven und auf Zusammenarbeit ausgerichteten Ton. Wenn Sie das ganze Dokument lesen – was ich sehr empfehle –, sehen Sie, dass sich dieses Lernmodell grundlegend von dem Modell *Der Weise auf der Bühne* unterscheidet. Eine gute Schulbibliothekarin ist keine Büroangestellte und nicht auf die Bestandspflege beschränkt. Sie sollte ein aktiver Lernpartnerin sein; eine gute Schulbibliothekarin ist eine Lehrerin, die der Fachlehrerin hilft, noch besser zu werden. Diese

Bibliothekarin – wie Sie sie für Ihre Schule erwarten sollten – führt Schüler durch fragendes Lernen unter Verzicht auf überstrukturierten prüfungsorientierten Einbahnstraßen-Unterricht.

Was ist der Vorteil solchen Lernens an Ihrer Schule? Eine gut dokumentierte Erhöhung der Lerneffizienz und bessere Lernergebnisse. Studien in Alaska, Colorado, Florida, Indiana, Massachusetts, Michigan und North Carolina weisen alle bessere Ergebnisse in standardisierten Tests nach, wenn eine Schulbibliothekarin zur Verfügung stand. Eine Studie aus Pennsylvania belegt:

„Die Existenz von großen Buch-, Zeitschriften- und Zeitungsbeständen in der Schulbibliothek reicht nicht aus, um einen hohen Lernerfolg zu erreichen. Solche Bestände haben nur dann einen positiven Effekt, wenn sie Teil von schulweiten Initiativen sind, Informationskompetenz in die Standards und Lehrpläne zu integrieren." [71]

Die Leistungsverbesserungen werden nicht dadurch erreicht, dass einfach ein Raum mit der Bezeichnung „Bibliothek" in der Schule eingerichtet wird. Sie hängen nicht vom Umfang der Bestände ab. Sie haben mit einer Problemgröße zu tun: der Verfügbarkeit einer Schulbibliothekarin. Aber nicht jede Schulbibliothekarin ist gut genug. Sie muss engagiert sein, sich am Unterrichten beteiligen und mit den Schülern Lernerfahrungen erarbeiten und sie darf dabei nicht nur auf Medien fokussiert sein.

Ich formuliere es maximal einfach: Wenn Ihre Schule keine Schulbibliothekarin hat, gehen Sie nachgewiesenermaßen ein Risiko ein, dass schlechtere Leistungen erbracht werden. Sie sollten mehr von der Schule erwarten. Wenn es eine Schulbibliothekarin gibt und Sie ihren Namen nicht kennen, sollten Sie mehr von ihr erwarten. Wenn Sie ein Lehrer/eine Lehrerin sind und nicht wissen, wie die Bibliothek und die Bibliothekarin Sie bei Ihrer Arbeit unterstützen können, erwarten Sie mehr, fordern Sie von der Bibliothekarin eine Antwort auf diese Frage. Wenn Sie die Schulleiterin sind und die Bibliothek nur als Saal zur Erstellung von Hausaufgaben betrachten, oder als einen Ort, an dem Sie den Buchetat versenken können, dann müssen Sie viel *viel* mehr erwarten.

71 Research Foundation. (2008). School libraries work! Abgerufen von http://www.scholastic.com/content/collateral_resources/pdf/s/slw3_2008.pdf (Letzter Zugriff am 4. Dezember 2015)

Die Definition von „*Möglich machen*" erweitern

Die Betonung auf Lernerfahrung macht vielleicht in einer Schulbibliothek Sinn, aber wie ist es in den anderen Bibliothekstypen? Gehen wir zurück zu der ursprünglichen Frage: Was macht eine Bibliotheksdienstleistung aus? Schauen wir uns die Vermittlungsarten nochmals an, und fügen wir ein paar Definitionen hinzu, die auf unserer dynamischeren Auffassung von Wissen basieren.

Bieten Sie Zugang!

Die klassische Auffassung davon, wie der Zugang zu Wissen erfolgt, ist, den Zugang zu Beständen zu ermöglichen. Diese Auffassung wurde ein wenig modernisiert, als man vom Zugang zu Informationen sprach. Aber auch Informationen werden definiert als Texte, Bilder und Medien in digitaler und gedruckter Form. Das große Problem mit dieser Auffassung von Zugang ist, dass der Zugang nur in eine Richtung erfolgt. Zu viele Bibliotheken haben Zugang zu Wissen als Zugang zu ihren Medien definiert. Erwarten Sie mehr von Ihrer Bibliothek! Erwarten Sie, dass die Bibliothek eine Plattform bereitstellt, auf der Sie sowohl die Ideen anderer verfolgen können als auch Zugang zu Ihren eigenen Ideen zur Verfügung stellen können.

Joan Frye Williams, Bibliothekarin und bekannte Bibliotheksberaterin, hat es hervorragend ausgedrückt, als sie sagte, dass Bibliotheken sich von Lebensmittelläden in Küchen verwandeln müssen. In einem Lebensmittelladen kaufen Sie Zutaten für Ihre Mahlzeiten ein. Eine Küche ist der Ort, an dem Sie diese Zutaten mit Ihren Fähigkeiten und Talenten in eine Mahlzeit verwandeln. Küchen sind oft soziale Räume, Orte, an denen sich alle auf Partys treffen, weil dort etwas passiert. Bibliotheken müssen wie Küchen werden – aktive Orte, wo viele Zutaten (Informationen, Quellen, Talente) zu einer aufregenden neuen Kreation vermischt werden, die mit anderen geteilt werden kann.

Das hat Joyce Valenza in ihrem Manifest über Schüler, die ihre Geschichten veröffentlichen und mit Mitschülern und Lehrern zusammenarbeiten, gemeint: Ihre Bibliothek ermöglicht den Zugang nicht nur zu den Medien, sondern zu Gleichaltrigen, Lehrern und zu Werkzeugen wie Videokameras, Laptops, Webseiten von Sozialen Medien, Büchern usw. Beachten Sie bitte, dass es nicht die Bereitstellung von Medien ist, die Joyces Bibliothek zu einer Bibliothek machen; es ist der Zugang zu Wissen und zu einer Gemeinschaft. Die Werkzeuge können sich verändern (von Büchern zu E-Books, vom Telefon zu Skype), aber das Ziel verändert sich nicht.

Wenn Ihre Bibliothek ein Ort ist, an dem Sie konsumieren – an dem Sie die Publikationen und Medien anderer Leute bekommen – und nicht ein Ort der Wissenserstellung und der Kommunikation mit der Gemeinschaft, dann müssen Sie mehr fordern.

Wie kann eine Bibliothek das Erstellen von Wissen unterstützen? In Fayetteville war es unter anderem der Zugang zu D3-Druckern. In Hochschulbibliotheken kann es die Organisation von Lerngruppen oder der Aufbau von Online-Gemeinschaften sein. Gruppenarbeit bekommt eine wachsende Bedeutung für den Unterricht auf Universitätsniveau. Studierende werden in Gruppen eingeteilt, weil sie für interdisziplinäre und kollaborative Arbeit ausgebildet werden sollen. Leider werden diese Gruppen oft sich selbst überlassen, ohne dass sie wissen, wie die Teammitglieder zusammenarbeiten können. Bietet das Seminar Zugang zu Online-Werkzeugen wie Diskussionsforen, Editionssoftware oder Möglichkeiten, um beispielsweise bibliographische Angaben von Medien abzulegen? Die Bibliothek kann diese Art von aktivem Zugang anbieten und sollte das auch tun. Die Bibliothek sollte ein Ort sein, den man physisch oder online aufsucht, um zu neuen Ideen inspiriert und dabei unterstützt zu werden, diese Ideen mit anderen zu teilen. So lernen Gemeinschaften – durch Zusammenarbeit und Austausch.

Natürlich setzt das voraus, dass die Leute wissen, wie man an Online-Kommunikationen teilnimmt und wie man seine Ideen veröffentlicht …

Bieten Sie Schulungen!

Auf YouTube gibt es ein schönes Video mit dem Titel *Mittelalterliches Helpdesk*.[72] Es zeigt einen Mann aus dem IT Support Team, der einem

---

72 Norwegian Broadcasting Corporation [nrk] 26.2.2007). *Medieval helpdesk with English subtitles* [video file]. Auszug aus *Øystein og jeg* [Television series]. Abgerufen von http://www.youtube.com/watch?v=pQHX-SjgQvQ (Letzter Zugriff am 4. Dezember 2015)

mittelalterlichen Mönch erklärt, wie man ein Buch benutzt. Er erklärt die Grundlagen, beispielsweise wie man ein Buch öffnet und die Seiten umblättert. Nein, der Text verschwindet nicht, wenn man die Seiten umblättert, er ist gespeichert. Um das Buch auszuschalten, schließt man den Buchdeckel. Wie jeder gute Witz verliert er durch Erklärung – schauen Sie das Video an –, aber das Video stellt die Auffassung in Frage, dass wir mit dem Wissen, wie man ein Buch benutzt, geboren sind. Tatsächlich gibt unsere Gesellschaft ziemlich viel Geld dafür aus, Leuten beizubringen, wie sie eine grundlegende Technologie wie Bücher nutzen können. Wir nennen das Lesen.

Alle Technologien erfordern einige Anweisungen zu ihrer Nutzung. Wir lernen nicht lesen, indem wir Bücher unter das Kopfkissen legen. Zugang allein reicht nicht aus. Wir müssen von unseren Bibliotheken erwarten, dass sie der Gemeinschaft helfen, sich auf eine aktive Teilnahme am Lernen vorzubereiten.

Jetzt kommen wir zur zweiten Art der Vermittlung: Schulungen. Bibliotheken sollten mit einzelnen Mitgliedern der Community an einer Lernaufgabe arbeiten, um dem Mitglied zu ermöglichen, sich an einer größeren Diskussion zu beteiligen oder in eine größere Lernsituation einzubringen. Viele Bibliotheken tun dies bereits. In Öffentlichen Bibliotheken bieten Bibliothekare Computerkurse oder Workshops zur Erstellung von Bewerbungsunterlagen an. Seit Jahrzehnten unterrichten Hochschulbibliotheken, wie man Informationen findet und nutzt. (Früher wurde es Bibliographie-Unterricht genannt, heute heißt es „Vermittlung von Informationskompetenz".) Meine Lieblingsgeschichte über Schulungen kommt aus einer juristischen Bibliothek.

Ein Anwalt schaut in das Büro der Bibliothekarin und teilt ihr mit, dass er die ganze Nacht nach einer Information über einen gegnerischen Zeugen und Experten gesucht hat. Er hat in einer Stunde den Gerichtstermin. Ob die Bibliothekarin helfen kann? Fünf Minuten später druckt die Bibliothekarin die gewünschte Information aus der Datenbank LexisNexis aus. Wir könnten hier einen Punkt setzten und hätten eine weitere herzerwärmende Geschichte über eine Bibliothekarin, die den Tag rettet, aber das ist für Bibliotheken nicht neu. Informationsdienste wie diesen erbringen Bibliothekarinnen seit dem frühen 20. Jahrhundert. Was diese Geschichte großartig macht ist, was die Bibliothekarin dann getan hat.

Der Anwalt hatte nach einem Zeugen und Experten gesucht. Anwälte ziehen Wissenschaftler, Ingenieure, Ärzte und andere Experten hinzu, um ihre Argumente zu unterstützen. Wenn ein Anwalt versucht, einen Verteidiger für geistig behindert zu erklären, wird ein Psychiater hinzugezogen. Wenn ein Anwalt versucht, eine Chemikalie als gefährlich herauszustellen, wird ein Chemiker hinzugezogen usw. Das bedeutet, dass die Persönlichkeit und der Expertenstatus dieses Zeugen sehr wichtig sind. Anwälte, die den Experten hinzuziehen, wollen sicher sein, dass er hochqualifiziert ist, und der gegnerische Anwalt möchte Informationen finden, die Zweifel an seiner Qualifikation aufwerfen. Das passiert, wenn man entdeckt, dass der Zeuge seine Position zu einem Thema geändert hat oder sich widersprüchlich äußert.

Die Bibliothekarin verstand, dass die Anwälte Rechtsexperten sind, das Auffinden und Diskreditieren von Zeugen-Experten aber andere Fähigkeiten erfordert. Anwälte kannten sich in Chemie und Psychologie nicht aus und wussten nicht, wie man Personen findet, die Informationen widerlegen, oder wo die widerlegte Information gefunden werden kann. Aber Bibliothekare wissen das. Der Bibliothekarin war bewusst, dass niemand gern hört, dass er etwas nicht kann oder dass er nicht alles, was er braucht, mit Google finden kann. Sie richtete eine Schulung mit dem Titel „Basiswissen Rufmord" ein.

In ihrer Schulung sprach sie über Quellen, in denen man wissenschaftliche Artikel finden kann, wie man nach Fachwissenschaftlern sucht usw. Nach jedem Beispiel fügte sie hinzu: „Wenn Sie keine Zeit haben, kann ich das für Sie tun." Die Nutzung nahm signifikant zu. Die Anwälte wussten jetzt besser, wie man Informationen findet. Sie sahen, hier war jemand, der ihre Probleme verstand und ihnen helfen konnte. Wenn Ihre Bibliothekarin keine Ahnung hat, was sie in Ihrer Einrichtung machen soll, erwarten Sie mehr.

Es gibt viele Beispiele großartiger bibliothekarischer Schulungsdienstleistungen, und dabei werden nicht nur Lernende in ein Klassenzimmer gesetzt. Beispielsweise hat die staatliche Bibliotheksstelle in Delaware mit Regierungsstellen für Wirtschaftsentwicklung und Erwachsenenbildung zusammengearbeitet, um Schulungszentren für Arbeitsplatz- und Kompetenzentwicklung aufzubauen:

„Dieses Projekt wird große Neuerungen bringen, indem es dringend er-
forderliche mobile Technologien in die Bibliotheken transportiert, und es
wird neue Dienstleistungen für die Einwohner des Bundesstaates anbieten,
die ihnen helfen, sich auf berufliche Aufgaben vorzubereiten, Arbeitsstellen
zu finden und ihre Ausbildung zu erweitern", sagte der Gouverneur Jack
Markell. „Unsere Bibliotheken leisten unverzichtbare Informationsarbeit,
und durch diesen neuen Dienst werden unsere Bibliotheken eine noch wert-
vollere Unterstützung für Leute, die sich für einen sich stark verändernden
Arbeitsmarkt rüsten wollen."[73]

Fast jede Bibliothek in unserem Land unterstützt Arbeitssuchende.
Aber damit ist oft Zugang zu Online-Jobbörsen und zu Computern,
auf denen sie Bewerbungen schreiben können, gemeint. In Delaware
liegen die Standards höher. Zugang reicht nicht aus, die Erweiterung
von Qualifikationen und Vertiefung der Ausbildung muss hinzukom-
men.

Sie erinnern sich gewiss an die Bibliotheken aus Nord-Illinois, die
gemeinsam Transform U aufgebaut haben (2. Kapitel). Diese Bibliothekare haben Kooperationen mit Zweijahres-Colleges vor Ort, staatlichen
Arbeitsagenturen und lokalen Firmen aufgebaut, um persönliche Hilfe-
stellungen für berufliche Vorstellungsgespräche zu geben. Ein Bibliothekar setzt sich mit einem Schüler hin und geht seine Bewerbung für die
Hochschule durch. Durch das Projekt Transform U kann man auf einfache Weise bürokratische Hemmnisse umgehen, um Sozialdienstleis-
tungen in Anspruch zu nehmen oder einen Praktikumsplatz zu finden.

Diese Ideen haben auch in Hochschulbibliotheken Fuß gefasst. Statt
Bibliographie-Unterricht haben exzellente Bibliotheken jetzt eine Reihe von Dienstleistungen eingeführt. In einigen Universitäten wird jedem neuen Studenten ein Bibliothekar zur Seite gestellt. Colleges haben
schon immer Berater eingestellt, um Studierenden zu helfen, durch die
für einen Abschluss erforderlichen Kurse zu navigieren; der Bibliothekar
berät die Studierenden über die Informationsinfrastruktur des Colleges
oder der Universität. Bibliothekare treffen sich mit Studierenden des
ersten Studienjahrs und beraten sie, welche Quellen für ihre Lernveran-
staltungen wichtig sein werden. Sie informieren über die Informations-

---

73 http://governor.delaware.gov/news/2010/1009september/20100928-broadband.shtml (Letzter
Zugriff am 4. Dezember 2015)

systeme, mit denen die Studierenden in Kontakt kommen, von der Veranstaltungsanmeldung bis zu den Mensaplänen, und wie man E-Mails verschickt. Bibliothekare, die alle Fachrichtungen auf dem Campus abdecken, können den Studierenden helfen, größere Zusammenhänge zu sehen.

Hochschulbibliotheken sollten noch weitergehen. Immer mehr Bibliothekare sind in Lehrveranstaltungen und Fakultäten verankert. Fachreferenten aus der Bibliothek verfolgen die Twitter-Feeds aus dem Unterricht und geben Hilfestellung. Wenn ein Professor eine bibliographische Angabe oder ein Datum vergisst, kann er einfach eine Frage twittern, und die Bibliothekarin twittert die Antwort zurück. Bibliothekare haben nun Sprechstunden in den Fakultäten und arbeiten im Team mit den Lehrenden und Forschenden zusammen. Sie bieten Schulungen nicht nur für den Fall, dass ein Studierender oder ein Lehrender Schulung benötigt, sondern genau im Moment des Bedarfs.

Einige Hochschulbibliotheken gehen über Schulungen und Vorbereitungen auf Hochschulveranstaltungen hinaus. In der Carnegie Melon University beispielsweise gibt es die Integrative Medien-Initiative. Sie kann mit einem Master-Grad abgeschlossen werden.

„Innerhalb eines Jahres wurde IDeATe zum nationalen Modell für die Verschmelzung von Technologie und Kunst in Erziehung, Forschung und kreativer Praxis. Über 300 Studierende und Lehrkräfte aus 15 unterschiedlichen Bereichen nehmen an IDeATe teil."[74]

Bibliothekare an der Universität Auckland haben ein Open Online Seminar zur akademischen Integrität ins Leben gerufen [75]. Dieses Seminar zu Plagiarismus und Wissenschaftsethik haben bereits tausende Studierende auf der ganzen Welt genutzt.

Wenn Ihre Bibliothek – Öffentliche Bibliothek, Hochschulbibliothek, Behördenbibliothek, Firmenbibliothek, was für eine Bibliothek auch immer – nicht im Schulungsbereich tätig ist, oder wenn die Schulung nicht auf das abgestimmt ist, was Sie machen, zu welchem Zeitpunkt und an welchem Ort Sie es machen – erwarten Sie mehr.

---

74 http://www.cmu.edu/news/stories/archives/2015/june/keith-webster.html (Letzter Zugriff am 4. Dezember 2015)

75 https://www.futurelearn.com/courses/academic-integrity (Letzter Zugriff am 4. Dezember 2015)

Bieten Sie ein sicheres Umfeld!

Abraham Maslow war ein Psychologieprofessor. Er wusste einiges über Schulung und Lernen. Beispielsweise wusste er, dass die Umgebung, in der Menschen lernen, wichtig ist. Er hat das entwickelt, was wir heute die Maslowsche Bedürfnispyramide nennen.[76] Die Hierarchie dieser Pyramide besagt, dass vor dem Lernerfolg einige Grundbedürfnisse befriedigt sein müssen. Beispielsweise ist es schwer, etwas über Physik zu lernen, wenn man hungrig ist und kein Dach über dem Kopf hat. Maslow nannte diese Bedürfnisse physiologische Bedürfnisse. Ebenso wenig ist Lernen möglich, wenn man Nahrung und Wohnung hat, aber kein Gefühl der Sicherheit. Maslow nannte es Sicherheitsbedürfnis. Höher in der Hierarchie der Maslowschen Pyramide liegen das Bedürfnis dazuzugehören, das Bedürfnis nach Wertschätzung und zuletzt das Bedürfnis nach Selbstverwirklichung. Ich vereinfache hier die Zusammenhänge und konzentriere mich auf das Sicherheitsbedürfnis.

Dieses Buch beginnt mit dem Arabischen Frühling. Viele schreiben Sozialen Netzen wie Facebook und Twitter einen Einfluss auf die Massenproteste und Veränderungen in Ägypten zu. Was längst nicht so oft erwähnt wird, ist die Tatsache, dass diese Werkzeuge auch genutzt werden können, um Proteste zu unterdrücken. Beispielsweise berichtet Voice of America, dass die Regierung von Bahrain Facebook nutzt, um Protestierende zu finden und zu verhaften:

„Anders als in Ägypten wurden die Forderungen der Bewohner von Bahrain nie erfüllt. Die sunnitische Regierung hat mit der Unterstützung von benachbarten Golfstaaten die Erhebung erstickt und soll Zugang zu Sozialen Medien genutzt haben, um diejenigen, die sich geäußert haben, zu identifizieren und zu bestrafen!"[77]

Behörden – von der iranischen Regierung über die CIA bis zur Polizei von San Francisco – nutzen Soziale Medien, um potentielle Störungen zu identifizieren und zu ersticken. Google und Twitter verändern ihre Geschäftsbedingungen, um größere Kontrolle durch Behörden zuzulassen. Möglicherweise haben wir die letzte Revolution mit Facebook

76 http://en.wikipedia.org/wiki/Maslow's_hierarchy_of_needs (Letzter Zugriff am 4. Dezember 2015)
77 http://www.voanews.com/english/news/middle-east/Facebook-Becomes-Divisive-in-Bahrain-127958073.html (Letzter Zugriff am 4. Dezember 2015)

bereits erlebt. Protestierende suchen den nächsten sicheren Hafen, um ihre Aktionen zu koordinieren. Die Bibliothek, die wir uns wünschen und die Sie erwarten sollten, ist ein sicherer Ort, an dem man gefährliche Ideen erforschen kann.

Physische Sicherheit

Sicherheit hat viele Aspekte; diejenigen, die für Bibliotheken am wichtigsten sind, sind physische Sicherheit und intellektuelle Sicherheit. Öffentliche Bibliotheken werden oft als sichere Häfen bezeichnet. Beispielsweise können Schlüsselkinder in die Bibliothek gehen und bleiben von der Straße weg. Dieser Aspekt war für die Bürger von Philadelphia sehr wichtig: Denn als der Bürgermeister elf Stadtteilbibliotheken schließen wollte, erstritten die Bürger und der Stadtrat vor Gericht, dass sie offenblieben. Es wurde zwar über Internetzugang und Bibliotheken als Wissenszentren geredet, aber der Grund, der am meisten genannt wurde, lautete: Die Gemeinde wollte einen sicheren öffentlichen Raum für die Kinder haben.

Nicht nur Öffentliche Bibliotheken stellen einen sicheren Ort in dieser Form zur Verfügung. Schulbibliotheken sind sichere Häfen für Kinder, die nicht in andere soziale Gruppen passen. Hochschulbibliotheken sind sichere Orte, an denen Studierende bis in die Nacht lernen können oder sogar Belästigungen durch Mitbewohner in den Wohnheimen ausweichen können. Wie Maslow festgestellt hat, ist die physische Umgebung wichtig. Können wir mehr von unseren Bibliotheken erwarten als einen Pförtner? Diese Frage wurde von der Zentralbibliothek der Öffentlichen Bibliotheken in Philadelphia aufgenommen.

Die Zentralbibliothek der Öffentlichen Bibliotheken Philadelphias hatte ein Problem mit Obdachlosigkeit. Jeden Morgen, bevor die Bibliothek öffnete, versammelten sich die Obdachlosen der Innenstadt vor dem großen Beaux Arts Gebäude. Sobald die Türen geöffnet wurden, drängelten sich die Obdachlosen hinein, um den Sanitärbereich zu benutzen und einen Ort zum Ausruhen zu finden. Die Situation spitzte sich zu, als ein Vorstandsmitglied der Bibliothek sich über den Zustand der Toiletten beschwerte, nachdem er eine der Vorlesungen von Weltklasse in der Bibliothek besucht hatte.

Die Bibliothekare mussten eine Wahl treffen. Wie würden sie mit den Obdachlosen verfahren? Sie baten die Stadt und andere Großstadtbibliotheken um Rat. Viele der Ratschläge, die die Bibliothekare bekamen, zielten auf den Ausschluss der Obdachlosen: mögliche Verfahrensänderungen, relevante Gesetze und Ähnliches, um das Problem zu minimieren. Die Bibliothekare der Bibliothek von Philadelphia wählten einen anderen Weg.

Zunächst stellten sie obdachlose Männer und Frauen als Reinigungskräfte für die Toiletten ein. Dann richtete die Bibliothek ein Café ein. Das Café erforderte die Mitarbeit der ganzen Stadt. Die größte finanzielle Unterstützung stammte von der Bank of America. Die Ausstattung wurde von Starbucks gestiftet. Das Essen kam von einer Bäckerei aus der Nachbarschaft. Das Café wurde von ehemaligen obdachlosen Männern und Frauen im Rahmen eines Programms zur Wiedereingliederung in die Arbeitswelt betrieben.

Solche Dinge passieren, wenn die Öffentlichkeit, in diesem Fall die Bibliothekare, von sich und ihrer Community mehr erwarten. Sie betrachten Menschen nicht als Problem, sondern als Mitglieder der Gemeinschaft, die Dienstleistungen, Unterstützung, Kenntnisse und letztendlich Macht brauchen – die Macht, für ihren Unterhalt zu sorgen und ein würdevolles Leben zu leben. Macht bedeutet, etwas zu schaffen und zu lernen, nicht einfach zu überleben. Hat die Bibliothek das Problem der Obdachlosigkeit in Philadelphia gelöst? Nein. Aber sie hat das Problem nicht einfach ignoriert. Sie hat entschieden, das Problem nicht einfach zu „minimieren". Sie setzte die eigene Kraft der Obdachlosen, mit dem Problem umzugehen, wirksam ein, nachdem die Bibliothekare es alleine nicht lösen konnten.

Wir werden zu dem physischen Gebäude zurückkehren und davon sprechen, wie es nicht nur sicher, sondern auch inspirierend sein kann, wenn wir über Communities im sechsten Kapitel sprechen. Zunächst wende ich mich einer anderen Art von Sicherheit zu.

Intellektuelle Sicherheit

Jahrhundertelang waren Bibliothekare Verteidiger intellektueller Sicherheit. Bibliothekare haben schon vor langer Zeit verstanden, dass man sich zum Lernen und Erforschen nicht nur physisch sicher fühlen muss, sondern die Gedanken frei sein müssen. Wenn man den Eindruck hat, dass jemand Ideen zensiert oder die genutzten Informationsquellen beurteilt, ist es weniger wahrscheinlich, dass man sich mit kontroversen Fragen beschäftigt. Dieser „Abkühlungseffekt" ist in etwa dem Gefühl zu vergleichen, das Sie hatten, als Sie als 15-jähriger mit Ihren Eltern Filme angeschaut haben, die erst ab 18 freigegeben waren.

Lange vor Edward Snowdens Enthüllungen zu Überwachungen durch die Regierung in großem Umfang[78] haben Bibliothekare versucht, ihre Gemeinschaften vor Regierungen zu schützen. Möglicherweise das extremste Beispiel von Bibliotheken als Hüter intellektueller Sicherheit war der Gerichtsprozess der Library Connection gegen Gonzales. Der Patriot Act, das Gesetz, das nach den Terroranschlägen des 11. September verabschiedet wurde, ermöglichte es dem FBI, in ihren Ermittlungen Daten von Bibliotheken und anderen Einrichtungen einzusehen. Das allein war nicht neu. Das FBI hat immer das Recht gehabt, einen gerichtlichen Beschluss zur Einsicht in Daten zu erwirken. Neu war, dass das FBI nicht mehr über das Gericht gehen musste, um die Daten zu erhalten. Vielmehr konnte es selbst sogenannte „Briefe für Nationale Sicherheit" (National Security Letters) ausstellen. Darüber hinaus war der Brief anders als bei einer gerichtlichen Anordnung, gegen die eine Bibliothek oder ein Videogeschäft oder eine Schule Berufung einlegen können, mit einem Maulkorb verbunden. Das heißt, man durfte niemandem von dem Brief erzählen geschweige denn dagegen Berufung einlegen. Die Logik hinter dem neuen Gesetz war, Untersuchungen zu beschleunigen und leichter eine Strafverfolgung durchzusetzen.

Die meisten Bibliothekare lehnten diese Bestimmungen des Patriot Act ab. Bibliothekare gaben dem Schutz von Benutzerdaten jahrzehntelang höchste Priorität und fürchteten die Folgen einer Missachtung. Anders ausgedrückt: Wenn Bibliotheksnutzer den Eindruck hätten, dass das, was sie lesen oder im Internet recherchieren, überwacht würde, gingen sie zu einer Selbstzensur über. Bibliothekare sind der Meinung, dass das beste Wissen aus einem breiten Spektrum an Quellen geschöpft wird. Bibliotheksnutzer sollten sicher sein, dass das, was sie lesen nicht überwacht oder bewertet wird. Um es ganz klar zu sagen: Intellektuelle

---

78 http://www.bbc.com/news/world-us-canada-23123964 (Letzter Zugriff am 4. Dezember 2015)

Sicherheit bedeutet nicht, dass Bibliothekbenutzer nur geprüfte Informationen anschauen dürfen; es bedeutet, dass Bibliotheksbenutzer sich sicher fühlen sollen, wenn sie sich mit komplexen Ideen auseinandersetzen.

Nach der Verabschiedung des Patriot Act konnten Bibliothekare ihren Benutzern nicht länger diese Sicherheit garantieren. Im Jahr 2004 hatte eine Gruppe von Bibliothekaren aus Connecticut den Eindruck, dass Bürgerfreiheiten und Strafverfolgung nicht mehr im Gleichgewicht waren. Sie beschloss zu handeln. Als die Bibliothekare einen „Brief für Nationale Sicherheit" erhielten, legten sie gerichtlich Berufung ein, wohl wissend, dass sie dafür der Strafverfolgung ausgesetzt waren und ins Gefängnis kommen konnten. Bekanntlich haben die Gerichte einschließlich des Obersten Gerichtshofs entschieden, dass hier das Gleichgewicht zwischen Offenlegung und freier Meinungsäußerung tatsächlich gestört war. Der Maulkorb wurde zurückgenommen.

Ich erzähle hier keine Moralgeschichte gegen den Patriot Act. Ich möchte zeigen, dass Bibliotheken 1. einen eindeutigen Standpunkt zur intellektuellen Sicherheit vertreten (oder vertreten sollten) und 2. dies innerhalb der Parameter, die die Gesellschaft gesetzt hat, auch tun können. Die Bibliothekare von Connecticut haben nicht der Person, über die ermittelt wurde, in einem dunklen Parkhaus etwas über den Brief zugeflüstert. Sie haben das Gesetz auch nicht einfach ignoriert. Nein, sie gingen durch alle gerichtlichen Instanzen, nicht um ein Privileg für sich selbst zu erstreiten, sondern um das althergebrachte Gleichgewicht zwischen Offenlegung, Privatsphäre, Bürgerrechten und freier Meinungsäußerung wiederherzustellen. Bibliotheken müssen nach wie vor Benutzerdaten der Strafverfolgung zur Verfügung stellen, aber unter juristischer Aufsicht.

Wir können kaum mehr von Bibliothekaren erwarten als eine Gefängnisstrafe zu riskieren, um die Einhaltung der Gesetze und das Recht der Bürger auf die Erforschung von Ideen zu gewährleisten; wir können jedoch erwarten, dass Bibliothekare ihre Ideale auch außerhalb des Bibliotheksgebäudes leben. Die meisten Bibliotheken bemühen sich darum, dass Ihre Aktivitäten innerhalb der Bibliothek geschützt bleiben. Bibliotheken löschen die Suchhistorie im Browser nach jeder Recherche, sie bewahren Ausleihdaten nur befristet auf und speichern keine Buchtitel, nach denen jemand sucht. Bibliothekare sind ziemlich erfolgreich (vielleicht zu erfolgreich), Spuren Ihrer Geschichte in der Bibliothek und im Bibliothekssystem zu entfernen. Aber wann hat Ihre Bibliothek Sie zuletzt daran erinnert, dass jeder Click und jeder Tastendruck, mit dem Sie von zuhause nach Büchern suchen, von Ihrem Internet-Dienstleister gespeichert werden kann? Teilen die Bibliothekare Ihnen mit, dass Sie zwar einen „anonymisierten" Computer in der Bibliothek benutzen, dass aber, wenn Sie sich bei Facebook einloggen, alle Aktivitäten von der Netzwerkfirma verfolgt werden können ... auch wenn Sie kein Mitglied bei Facebook sind?

Heute kommt die Bedrohung Ihrer Privatsphäre nicht vom Großen Bruder (der Regierung), sondern von tausend „kleinen" großen Brüdern. Facebook, Google, Twitter, Banken und Versicherungsgesellschaften geben Abermillionen von Dollar dafür aus, um zu verfolgen, was Sie recherchieren, wo Sie sich befinden, und welches Risiko Sie darstellen.

Alexis Madrigal hat dazu im National Journal geschrieben:

„Dieser unterirdische Datentausch ist nicht notwendigerweise finster, schließlich unterstützt das Ökosystem Werbung kostenfreie Online-Inhalte. Die Unternehmen stimmen ihre Werbung auf die Daten ab, die Protokollierung der Informationen zeigt ihnen, wie gut es läuft. Ich will nicht auf der New York Times herumhacken. Wenn man die Huffington Post, The Atlantic oder Business Insider aufruft, läuft mehr oder weniger derselbe Prozess ab. Jede Bewegung im Internet ist jemandem etwas wert, eine ganze Palette von Unternehmen sorgt dafür, dass keine Haltestelle auf Ihrer Reise durch das Internet unbemerkt erfolgt." [79]

Wenn Bibliothekare uns Zugang zu diesen Diensten verschaffen und uns in ihrer Nutzung schulen sollen, sind sie nicht auch verpflichtet, uns über die Gefahren für unsere Privatsphäre zu informieren? Können Sie nicht die Bürgerstimme in der öffentlichen Diskussion über diese Dinge repräsentieren? Mehr von Bibliotheken zu fordern, heißt zu erwarten, dass sie über Gefährdungen der Privatsphäre im globalen Maßstab informiert sind und mit den Bürgern an einem informierten Konsens über Offenlegung arbeiten.

---

79 Alexis Madrigal, T. A. (1.3.2012). I'm being followed: How Google—and 104 other companies— track me on the web. *National Journal.* Abgerufen von http://news.yahoo.com/im-being-followed-google-104-other-companies-track-130904200.html (Letzter Zugriff am 4. Dezember 2015)

So etwas ist in Lebanon, New Hampshire, geschehen. Die Öffentliche Bibliothek richtete mit der Zustimmung ihres Kuratoriums einen Tor-Knoten ein.[80] Das Tor-Netz ermöglicht, das Internet anonym zu nutzen, indem der Verkehr durch weltweite komplexe Knoten gelenkt wird, wodurch es fast unmöglich ist, den Ursprung einer Internet-Transaktion zu verfolgen. Tor wurde ursprünglich vom amerikanischen Militär entwickelt, um die Nachrichtenkommunikation zu schützen.[81] Seitdem ist die Software von Dissidenten in autoritären Regimen und von Videopiraten gleichermaßen verwendet worden. Die Bibliothek entschied, dem Netz beizutreten, um die Privatsphäre ihrer Mitglieder zu schützen.

Einen Tag, nachdem der Knoten installiert war (ein Server, der Internet-Verkehr abweist und anonymisiert), wurde die Bibliothek von der US-Sicherheitsbehörde aufgefordert, den Knoten wieder abzubauen. Die Behörden erklärten, dass der Knoten genutzt werden könne, um illegale Aktivitäten zu verbergen. Natürlich können das Internet im Allgemeinen, das Telefonnetz und die Post ebenfalls für solche Aktivitäten genutzt werden. Einen Monat später setzte das Kuratorium der Bibliothek nach einer öffentlichen Anhörung und ohne Widerspruch den Knoten wieder auf.

Sie mögen von dem Tor-Netz gehört haben oder nicht. Sie mögen die Handlungsweise des Kuratoriums unterstützen oder nicht. Der Kerngedanke dieses Initiative ist, dass die Bibliothek nicht nur die Privatsphäre ihrer Mitglieder aktiv geschützt hat, sie hat ihr Ziel durch einen Prozess der Einbeziehung von Mitgliedern der Gemeinschaft und durch Gespräche erreicht. Ihre Bibliothek sollte nicht nur behaupten, Ihre intellektuelle Sicherheit für wichtig zu halten, sondern sie sollte aktiv daran arbeiten, Sie zu informieren und die Mittel, mit denen sie Sie unterstützt, demonstrieren.

Bauen Sie Ihre Lernmotivation auf!

Um über Motivation zu sprechen, muss ich zur Öffentlichen Bibliothek Fayetteville zurückkehren. Während wir den Roboter und den Ring

80 http://lj.libraryjournal.com/2015/09/digital-resources/new-hampshire-library-reaffirms-tor-project-participation/
81 https://en-wikipedia.org/wiki/Tor (Letzter Zugriff am 4. Dezember 2015)

auf dem 3D-Drucker ausdruckten, erwähnte die Bibliothekarin Lauren einen bevorstehenden „Tag der Offenen Tür" im FabLab. Im Rahmen dieser Veranstaltung sollten mit dem 3D-Drucker Schmuck und Dinge aus Klebeband hergestellt werden … sofern sich jemand finde, der Dinge aus Klebeband herstelle. Riley, mein elfjähriger Sohn, sagte: „Ich bastele Dinge aus Klebeband", und bevor Lauren sich besinnen konnte, blätterte er durch die Fotos der Produkte auf seinem Smartphone.

„Prima", sagte Lauren, ohne zu zögern. „Dann kannst du es unterrichten." Und das hat Riley getan.

Offensichtlich hatte die Erfahrung in der Bibliothek auch einen großen Eindruck auf Andrew gemacht, denn eine Woche später erklärte mein Jüngster, er habe eine tolle Idee für die diesjährige Wissenschaftsmesse. „Ich entwerfe die Bibliothek der Zukunft!" verkündete er. In zehn Minuten hatte er sie auf Papier skizziert.

Zwanzig Minuten später bauten er und sein Bruder die Bibliothek in Minecraft, einem beliebten Spiel ähnlich SimCity. Sie hätten die Bibliothek natürlich mit Legosteinen bauen können, was Andrew später auch gemacht hat, aber Legosteine haben keine funktionierenden Achterbahnen, und man kann nicht seine Freunde aus der ganzen Welt dazu einladen, hindurchzugehen. (Zum gegenwärtigen Zeitpunkt gibt es über hundert Millionen registrierte Benutzer von Minecraft.[82])

Abbildung 4: Bibliothek der Zukunft in Minecraft, entworfen von Andrew und Riley Lankes

---

82 http://www.gamespot.com/articles/minecraft-passes-100-million-registered-users-14-3-million-sales-on-pc/1100-6417972/ (Letzter Zugriff am 4. Dezember 2015)

Am folgenden Samstag nahmen wir die gespeicherte Bibliothek der Zukunft mit nach Fayetteville und druckten sie aus.

Abbildung 5: Andrew mit seinem Minecraft Modell der Bibliothek der Zukunft, ausgedruckt auf dem MakerBot Thing-o-Matic

Jetzt denken Sie vielleicht, dass es darum geht, wenn ich über die Generation der Jahrtausendwende spreche oder über das FabLab. Aber nicht das ist es, was ich mit dieser Geschichte sagen möchte. Was ich bemerkenswert finde, ist die Motivation meiner Söhne und wie sie von der Bibliothek gefördert wurde. Der 3D-Drucker war natürlich cool, aber nicht der fesselte Riley. Was ihn wirklich fesselte, war Laurens Aufforderung, im Workshop über die Herstellung von Dingen aus Klebeband zu unterrichten. Was ihn fesselte, war die Aussicht, bei seinem nächsten Besuch die Ankündigung seiner Veranstaltung an der Tür des FabLab zu lesen. Was ihn fesselte, war die Aussicht, während des Tags der Offenen Tür vor dem MakerBot zu sitzen und zu erklären, wie er funktioniert und was er druckt.

Lernmotivation zu erkennen und zu entfachen ist die wichtigste Form der Förderung. Ohne sie lernt niemand, und alle Programme, Dienste und Aktivitäten der Bibliothek sind sinnlos.

Bibliotheken können Bürger auf viele Weisen inspirieren, ihre Lernmotivation aufzubauen, Wissen zu erstellen und letztlich die Gesellschaft zu verbessern. Einer der wichtigsten Wege besteht darin, etwas von der Autorität und Kontrolle über die Bibliothek an die Bürger abzugeben. Das ist deutlich mehr als ein Aufsichtsgremium oder ein Beirat. Es ist auch deutlich mehr als die Erwähnung der Tatsache, dass die Bibliothek eigentlich den Mitgliedern ihrer Community gehört, da sie diese durch Steuern oder Studienbeiträge finanzieren. Es ist ein Miteigentum an den Bibliotheksdienstleistungen.

Die Macht des Miteigentums ist nicht auf Bibliotheken beschränkt. Während meine Kinder an diesen Projekten arbeiteten, suchte die Fakultät der Universität, an der ich arbeite, nach neuen Lehrmethoden. Eine Methode, die oft diskutiert wird, ist der „Flipped Classrooom" oder der „umgedrehte Unterricht". Bei dieser Methode machen die Studierenden die Hausarbeiten im Unterricht und absolvieren den Unterricht zuhause, indem sie im Unterricht an Projekten arbeiten und zuhause Online-Vorlesungen anhören. Aber mitten in der Diskussion – mitten im D3-Druckvorgang – hatte ich eine Idee. Ich entschuldige mich bei allen, die diese Idee offensichtlich finden, und ich hätte sie vermutlich schon früher erkennen können, aber jetzt kam sie bei mir an.

Während wir hier sitzen und diskutieren, zu welchem Zeitpunkt oder in welcher Länge, oder über welche Kanäle wir unsere Vorlesungen halten, geschieht die tatsächliche Veränderung bereits. Die Vorlesung? Die lange Form oder die kurze Rede? Darum geht es nicht. Die tatsächliche Veränderung ist, dass die Professoren und Bibliothekare die Kontrolle verlieren. Die tatsächliche Veränderung liegt darin, dass Professoren und Bibliothekare gedacht haben, sie haben den Inhalt und diskutieren nur über dessen Bereitstellung, aber nun erkennen, dass sie den Inhalt laufend mit ihren Studierenden, Mitgliedern, Mitarbeitern neu erlernen müssen.

Das neue Erlernen ist absolut wesentlich. Es bedeutet nicht einfach die Abgabe von Kontrolle oder die Verwandlung von Erziehung in ein großes Do-it-yourself-Projekt. Gute Lehrer und gute Forscher haben großen Wert. Sie werden immer auch große Führungsqualitäten haben. Es geht darum zu erkennen, dass man, um wirklich einen Anteil am Lehrplan oder dem Bibliotheksprogramm zu besitzen, diese ständig neu erfinden muss, mindestens, um sie in neuen Kontexten anzuwenden. Das ist der Grund, warum das Modell der Doppelfunktion Forscher und Lehrer an Universitäten so lange so erfolgreich war. Wenn wir diese beiden Aspekte trennen, werden wir scheitern.

Das gilt auch für unsere Bibliotheken. Das Makerspace-Konzept in der Bibliothek von Fayetteville – ein Ort, an dem man nicht nur lernt, sondern auch etwas erstellt und bastelt – funktioniert nur, wenn alle einbezogen sind: Bibliothekare, Mitglieder, Experten, Kinder, Eltern, und wenn man versteht, dass alle gleichzeitig lernen. Wenn ein Kind nur als passiver Konsument behandelt und geschult wird, wird der Makerspace versagen. Kein MakerBot für 2.000 Dollar kann die Qualität von Legosteinen oder anderes Spielzeug erreichen. Das Kunststück besteht darin, dem Kind, dem Elternteil, dem Mitglied zu zeigen, dass er oder sie Teil eines Lernprozesses ist und etwas Neues entdeckt – selbst wenn es nur für ihn neu ist. Sie müssen verstehen, dass wir alle erst in diesem Prozess etwas erlernen. Und wenn wir es erlernt haben? Dann ist es Zeit, etwas Neues auszuprobieren.

Ich weiß, dass wir lange Diskussionen über die Rolle von Experten, den Wert von Erfahrungen und die Pädagogik in bekannten und neuen Feldern führen müssen. Ich bin mir bewusst, dass ich hier stark vereinfache, aber darum geht es: Die Diskussionen über Sachkompetenz und Pädagogik werden immer genau das bleiben – Diskussionen und Gespräche. Sie sind chaotisch und haben mit viel Ego zu tun. Aber wenn wir diese Gespräche nur unter Fakultätsmitgliedern oder unter Bibliothekaren führen, ohne andere daran zu beteiligen, dann haben wir eine wichtige Gelegenheit zur Motivierung und Einbeziehung der Mitglieder der Community vertan. Und wenn wir die Gespräche einstellen, haben wir unsere Mission verfehlt. Wir müssen mehr fordern.

Lehrer, Bibliothekar, Bastler, Spion

Erwarten Sie von Ihrer Bibliothek, dass sie ein aktiver Förderer von Wissen ist. Vermutlich werden Sie fragen: Warum die Bibliothek und nicht die Schule? Tatsächlich könnten Sie die vier Arten der Förderung von Wissen auch auf Lehrer, Journalisten und sogar Verleger anwenden.

Die Mission, die Gesellschaft durch Wissensgenerierung zu verbessern, trifft auf alle diese Berufe zu.

Die Antwort ist, dass die Formen der Wissensförderung nicht allein Bibliotheken und Bibliothekare betreffen, wohl aber, wie sie angewendet werden. Bibliotheken sind nicht durch ihre Gebäude definiert, sondern dadurch, wie sie ihre Mission, die Arten der Wissensförderung sowie ihre weiteren Fähigkeiten und ethische Fragen miteinander verknüpfen. Ich bin davon überzeugt, dass mit der Zeit die verschiedenen Sparten der Wissensförderer, und dazu gehören Journalisten, Lehrer und Verleger, stärker zusammenwachsen. Wir werden darauf zurückkommen, wenn wir über die „Förderung" im 7. Kapitel zu sprechen kommen. Jetzt müssen wir uns der Frage zuwenden, was ich genau damit meine, wenn ich von dem beruflichen Ethos der Bibliothekare spreche und sage: „die Gesellschaft verbessern".

5

Die Gesellschaft verbessern: Erwarten Sie Großartiges

Um es deutlich zu sagen: Wenn ich darüber spreche, dass Bibliothekare die Gesellschaft verbessern, meine ich nicht Bibliothekare in Kampfstiefeln, die durch die Straßen marschieren und die Bürger zwingen, Arbeiten korrekt zu zitieren und nur genehmigte Bücher zu lesen. Ich erwähne dies, weil es unter Bibliothekaren Leute gibt, die denken: Wenn unsere Aufgabe die Verbesserung der Gesellschaft ist, dann könnte eine festgelegte und etwas autoritäre Auffassung von Verbesserung gemeint sein.

Dieser Verdacht ist nicht völlig unbegründet. Über längere Zeit in der Geschichte waren Bibliotheken elitäre Einrichtungen (und wurden auch so geführt), die das Lesen der „richtigen" Lektüre förderten. Die richtige Lektüre wurde oft definiert als Literatur, die von weißen männlichen Landbesitzern gebilligt worden war. Im Zeitalter von Posters zur Leseförderung und in einer Zeit, in der Bibliothekare tatsächlich Romane lesen, kann man sich das vielleicht schwer vorstellen, aber es gab eine Zeit, in der Romane etwa dieselbe Akzeptanz hatten wie heute Online-Pornographie.

In seinem ausgezeichneten Buch über die Geschichte Öffentlicher Bibliotheken in den USA beschreibt Wayne Wiegand den Kampf gegen Romane in der Bibliothek. Er zitiert einen Zeitungsartikel aus dem Jahr 1882, in dem die Leser von Romanen genannt werden:

„Schulkinder, Fabrikarbeiterinnen, Verkäuferinnen, Kneipenwirte, Kutscher, Landarbeiter, Schiffer und schließlich gefallene Frauen, generell die Bewohner der Mitternachtswelt, Nachteulen, Herumtreiber und solche, die von der Sünde und ihrem Lohn leben."

Er beschreibt, wie Romane Mädchen dazu bringen können, eine höhere Position anzustreben und Jungen, vom Wilden Westen zu träumen, statt ihre eigentlichen Aufgaben zu erfüllen – auf den Feldern zu arbeiten. Glücklicherweise haben wir im vergangenen Jahrhundert alle mehr von unseren Bibliotheken erwartet. Heute sehen wir Bücher als etwas an, das Mädchen zu Leistung und Jungen zu Träumen inspiriert. Das ist nicht zufällig oder im Stillen passiert. Bibliothekare und Communities mussten sich aktiv für Romane einsetzen.

Das elitäre Denken zeigt sich immer noch in unerwarteter Form. Es wird nach wie vor viel über Bibliotheken als Autoritäten gesprochen, die nur qualitativ hochwertige Quellen sammeln, wobei „hochwertige Qualität" sich in der Regel auf das Renommee des Verlages, in dem das Werk erschienen ist, bezieht. Dies ist die Auffassung von Professoren, Eltern und Geschäftsleuten. Wenn man hochwertige Information sucht, geht man in die Bibliothek. Die Bibliothek ist tatsächlich ein Ort oder sollte einer sein, an dem man hochwertige Information findet, aber um ihre Aufgabe zu erfüllen, kann die Bibliothek nicht ausschließlich hochwertige Quellen in ihrem Bestand haben. Mit ausschließlich hochwertigen Quellen gibt es zwei Probleme: Allgemeingültigkeit und negative Beispiele.

Die Allgemeingültigkeit habe ich bereits angesprochen. Kann es je eine allgemeingültige Definition von hoher Qualität geben? Wenn der Präsident der Vereinigten Staaten eine Erklärung abgibt, ist das automatisch hochwertige Information? Fragen Sie einen Oppositionspolitiker oder den Präsidenten des Iran. Wir könnten versuchen, diese Frage zu umgehen, indem wir über allgemein akzeptierte Prozesse und Kriterien zum Finden von Qualität sprechen. So könnten wir eine Erklärung des amerikanischen Präsidenten als wichtig bezeichnen, selbst wenn wir nicht die Meinung des Präsidenten teilen. In den Naturwissenschaften sprechen wir statt von Wahrheit von Qualität, die Fachkollegen in einer Begutachtung erkannten (Peer Review). Das ist ein wichtiges Verfahren, das ich befürworte, aber es ist nicht mit Allgemeingültigkeit identisch – es ist eine Definition von Qualität, die sich in der Wissenschaftsgemeinschaft bewährt hat. Es zeigt sich, dass Qualität wie Pornographie ist … erst wenn Sie sie sehen, erkennen Sie sie als solche.

Und das zweite Problem mit der Bibliothek als Hüter von qualitativ hochwertiger Information: Es gibt auf diesem Planeten nicht viele Orte mit einer größeren Konzentration von Lügen und Unwahrheiten als eine gute wissenschaftliche Bibliothek. Warum? Weil man manchmal schlechte Information braucht, um gutes Wissen zu schaffen. Mir ist bewusst, dass das wie ein Widerspruch klingt, aber ich werde es erklären. Wenn Sie die Evolution untersuchen, lesen Sie vermutlich auch Publikationen über Kreationismus, und sei es um sie zu widerlegen. Wenn Sie die Wissenschaft voranbringen wollen, geschieht das oft durch die Widerlegung einer vormals als gültig betrachteten Theorie. Historische Quellen sind häufig voll von rassistischen Tiraden und verzerrten Biographien. Pädagogische Texte erwähnen „Retardierte", und psychologische Texten können noch immer von „hysterischen Frauen" sprechen. Sie brauchen diese Information, um die Geschichte zu verstehen und den Fortschritt unseres Wissens weltweit verfolgen zu können.

Vor einigen Jahren hat die MacArthur-Stiftung Forschungsprojekte über Glaubwürdigkeit und Jugend gefördert.[83] Etliche Autoren, darunter ich selbst, kamen zu dem Ergebnis, dass Kindergarten und Schule potentiell die am wenigsten geeigneten Orte sind, um Kindern zu zeigen, wie man glaubwürdige Informationen im Internet findet. Warum? Weil es schwierig für Kinder ist, auf unglaubwürdige Information zuzugreifen. Lehrer und Schulbibliothekare können den Kindern gute Informationen zeigen, aber um negative Beispiele zu sehen, müssen die Kinder nach Hause gehen, wo sie oft schlechten Inhalten ohne Überwachung ausgesetzt sind.

Ich spreche hier nicht über Pornographie. Ich spreche über Webseiten wie MartinLutherKing.org. Das ist kein Tippfehler. Die Webseite wird von der rassistischen rechtsextremen Gruppe Stormfront erstellt. Das würden Sie nie erfahren, wenn Sie nicht auf den Link am Ende der Seite klicken. In Schulen wird diese Seite höchstwahrscheinlich herausgefiltert, aber zuhause? Lehrer und Bibliothekare können diese Seite nicht heranziehen, um den Schülern zu zeigen, wie rassistische Gruppen das Internet missbrauchen, um junge und unerfahrene Nutzer zu manipulieren.

Und jetzt kommt etwas, das Sie beschäftigen sollte: Für einige Communities und für einige Fragestellungen enthält diese Webseite der Stormfront hochwertige Informationen. Interessierte sind nicht nur ras-

---

83 Metzger, M. J., & Flanagin, A. J. (2008). Digital media, youth, and credibility. Cambridge, Mass: MIT Press.

sistische Sekten, sondern ganz normale Leute. Qualitativ hochwertige Informationen? Stellen Sie sich einen Reporter vor, der Beispiele dafür sucht, wie Hassgruppen das Internet für die Mitgliederwerbung nutzen. Für diesen Reporter ist die Stormfront-Webseite eine der besten Quellen. Sie ist jedoch keine gute Seite für einen Schüler der achten Klasse, der nach außerschulischen Aktivitäten sucht. In der Diskussion über Qualität spielt der Kontext eine Rolle.

Letztlich wird lokal definiert, was Verbesserung innerhalb der Gesellschaft bedeutet. Ist es die Aufgabe Ihrer Bibliothek, die Forschung, wirtschaftliche Entwicklung zu fördern, Gewinn zu erhöhen, Testergebnisse und Leistungen zu verbessern, der Entspannung zu dienen oder am wahrscheinlichsten eine Kombination all dieser Aufgaben? Die Ziele der Bibliothek müssen mit den Zielen der größeren Gemeinschaft koordiniert werden.

Erwarten Sie mehr als Kuchen und Prostituierte

In Ann Arbor, Michigan, sammeln die Bibliothekare Vorschläge und Anregungen auf der Webseite. Sie fragten ihre Leser, was die Bibliothek verbessern sollte. Eine meiner Lieblingsantworten war (ich paraphrasiere): mehr Kuchen und Prostituierte. Das war vermutlich ein Scherz, aber die Antwort stellt ein wichtiges Gegengewicht zu den Bibliothekaren in Kampfstiefeln dar, die ich zu Beginn dieses Kapitels erwähnt habe. Während autoritäre Bibliothekaren eine Vision diktatorisch durchzusetzen setzen, gibt es am anderen Ende des Spektrums eine Art *Alles geht*-Einstellung. Mit ihr ist die Gefahr verbunden, dass sich eine nur konsumgesteuerte Haltung verselbständigt.

In diesem Buch spreche ich immer wieder davon, mehr von der Bibliothek erwarten, aber jetzt muss ich davon sprechen, dass Bibliothek und Bibliothekare mehr von Ihnen erwarten sollten. Sie erwarten zu wenig von Ihnen, wenn sie jedes Mitglied der Gemeinschaft als Konsumenten betrachten. Sie sind kein Konsument, auch kein Klient der Bibliothek. Viele Bibliotheken benutzen das Wort „Kunde", wenn sie die Gemeinschaft meinen. Das ist etwas besser, aber trifft es immer noch nicht. Ich ziehe das Wort Mitglied vor.

Auch diese Idee verdanke ich Joan Frye Willams. Als sie gemeinsam mit Öffentlichen Bibliotheken Strategiepläne entwickelte, entstand die Frage, wie man sie anreden sollte, und sie hatte eine Idee... „Wir fragen nach." In einer informellen Umfrage unter den Menschen in der Bibliothek wurde „Mitglied" häufiger als alle anderen Begriffe genannt. „Ich habe einen Bibliotheksausweis, und ich bezahle Beiträge in Form von Steuern." Mir gefällt dieser Begriff, weil in ihm Mit-Eigentümerschaft angedeutet wird. Mitglieder einer Einrichtung sind nicht nur Nutzer. Sie wählen, legen die politische Linie fest und unterstützen. Sie gehören zu der Einrichtung. Sie müssen fordern, ein Teil ihrer Bibliothek zu sein. Sie müssen an der Diskussion darüber teilnehmen, was die Gesellschaft verbessern würde und wie die Bibliothek dieses Ziel unterstützen kann.

Außerdem sollten Sie von dieser Diskussion und von der Bibliothek mehr erwarten, als nur festzustellen, was an der Gemeinschaft verbessert werden sollte. Bibliothekare sind wunderbare Problemlöser. Sie lieben Probleme. Sie lieben die Herausforderung einer guten Informationsfrage. Sie lieben die Jagd nach einem Dokument. Dienstleistung liegt ihnen im Blut, und deshalb fokussieren sie sich auf die Probleme der Community. Es gibt wichtige Probleme, und diese Arbeit ist wichtig.

Aber wir sollten nicht vergessen, dass unsere Community Wünsche und Träume hat. Obwohl die Diversität unserer Community es uns schwermachen kann, uns auf eine Vision zu einigen, wissen wir, dass dies möglich ist. Die Bibliothek kann unsere Nachbarn und Kollegen, Studierende und Mitglieder an einem sicheren und inspirierenden Ort zum Träumen zusammenbringen.

Ein großer Traum kann Nationen bewegen. Ein großer Traum kann Unterschiede, Probleme und Herausforderungen überwinden. Ein großer Traum hebt uns über die Routine und den Alltag hinaus. Ein Traum kann uns den Weg nach vorne zeigen und die Gesellschaft verbessern. Das ist letztlich die Dienstleistung, die wir von Bibliotheken brauchen – nicht ständig an Probleme erinnert zu werden, sondern einen Traum von einem besseren Morgen träumen zu dürfen.

Ein Teil der Community

Sie müssen von der Bibliothek mehr erwarten, als einfach nur einen Traum wahrzumachen. Beachten Sie, dass ich das Wort „Gespräch" oft benutze. Das ist beabsichtigt, wenn ich darüber spreche, wie Communities sich und die Gesellschaft verbessern. Ich möchte erklären, warum ich das Wort „Gespräch" benutze.

Ein Gespräch ist komplex. Es gehören wenigstens zwei Parteien dazu, die Sprache, die diese Parteien sprechen, und vor allem Zuhören und Reden. Ein Gespräch ist ein Austausch von Ideen, bei dem beide Teilnehmer durch das Gespräch beeinflusst werden und ihrerseits den Gesprächspartner beeinflussen. Ohne die Bereitschaft zum Zuhören werden Gespräche leicht Monologe oder Schreiwettkämpfe.

In dem Gespräch darüber, was die Gemeinschaft verbessert, und welche Rolle die Bibliothek dabei spielt, sollten wir von Bibliotheken erwarten, dass sie sich und ihre Dienstleistungen an der Vision einer besseren Community orientieren. Das ist nicht besonders revolutionär. Jahrzehntelang haben wir über Kundenorientierung diskutiert. Im Technologiebereich sprechen wir über benutzerorientiertes Design und Nutzererfahrung („User Experience"). Wir sollten mehr erwarten, als nur Konsumenten oder Benutzer der Bibliothek zu sein, wir sollten erwarten, Mitglieder zu sein, die die Bibliothek mitgestalten.

Das bedeutet, dass wir auch erwarten sollten, dass Bibliotheken und Bibliothekare die Diskussion über ein besseres Morgen mitgestalten. Bibliotheken sollten *ein Teil der Gemeinschaft* sein, nicht nur *für die Gemeinschaft* da sein. Einerseits bedeutet dies, dass sie solche Bibliotheksdienstleistungen anbieten, die auf die Bedürfnisse vor Ort zugeschnitten sind. Es bedeutet, dass Bibliotheksbestände ebenso viel (oder mehr) lokal erstelltes Wissen wie Wissen von oder über andere Gemeinschaften enthalten sollten. Es bedeutet auch, dass Bibliotheken und Bibliothekare als Mitglieder der Gemeinschaft eine Stimme haben sollten bei der Erstellung der Vision von einem besseren Morgen, und eine Stimme darüber, wie die Bibliothek diese Vision realisiert.

Ein aktuelles Beispiel sind E-Books. Bei der Wandlung der Bücher von Papier zur Elektronik geschieht etwas Interessantes. Die meisten Leute konzentrieren sich auf Dinge wie Funktionalitäten (die Möglichkeit zu markieren, Notizen auszutauschen, über Geräte den Standort in einem Buch zu synchronisieren, Multimediafunktionalitäten) oder Geräte (E-Book-Lesegeräte, Tablet-PC). Selbstverständlich sind dies wichtige Veränderungen in unserem Denken und Umgang mit Büchern. Aber die meisten Leute übersehen eine viel grundlegendere Veränderung. Während die Verleger Titel in die digitale Welt verlegten, haben sie auch ihr Geschäftsmodell vom Verkauf zur Lizenzierung verändert.

Ich weiß, Geschäftsmodelle sind viel weniger sexy als superschlanke Tablet-PCs, aber dies ist aus dem folgenden Grund wichtig. Selbst wenn Sie denken, dass Sie ein Buch für Ihr Gerät kaufen, tun Sie dies gar nicht. Sie stimmen zu, das Buch im Rahmen einer Lizenz zu nutzen. Was ist der Unterschied? Wenn Sie etwas kaufen, bekommen Sie bestimmte Rechte; im Rahmen der Lizenz bekommen Sie nur die Rechte, die der Besitzer des E-Books Ihnen geben will. Beispielsweise können Sie ein gekauftes Buch an einen Freund verleihen oder sogar verkaufen. Das wird Erstverkaufsrecht (First Sale Doctrine) genannt und schafft nicht nur einen großen Markt für gebrauchte Lehrbücher, sondern stellt eine der Säulen dar, auf denen Bibliotheken basieren. Wenn Sie ein Buch kaufen, können Sie es einem Freund ausleihen oder verkaufen … völlig legal. Eine Bibliothek kann das ebenfalls tun. Aber Sie können ein E-Book nicht weiterverkaufen. Warum nicht? Sie sind nicht der Eigentümer.

Als Sie Ihr elektronisches Lesegerät gekauft haben, haben Sie vermutlich auf den Lizenzvertrag für Endnutzer geklickt. Dieser Vertrag erscheint jedes Mal, wenn Sie auf einer Webseite einen Account einrichten. Oft ist er seitenlang, und wenn Sie der großen Mehrheit von „Endnutzern" gleichen, lesen Sie ihn nie. Das müssen Sie auch nicht, wenn Sie Kaugummi im Geschäft kaufen. Aber dieser Vertrag ist eine Lizenz, und im Fall von E-Books schreibt er vor, was Sie mit dem E-Book machen können und was nicht.

Welche Auswirkungen hat dies auf das wahre Leben? Im Juli 2009, kurz nachdem Amazon den ersten Kindle auf den Markt gebracht hatte, erwarben viele Leute eine elektronische Version von George Orwells *1984*. Amazon hatte aber nicht das Recht, *dieses* Buch zu verkaufen. Was tat Amazon? Es löschte das Buch von jedem Kindle, dessen Besitzer es gekauft hatte. Erst danach informierte Amazon seine Kunden und bot eine Entschädigung an. Ein Kommentator verglich das damit, dass IKEA in Ihr Wohnzimmer schleichen könnte, um ein Bücherregal zurückzuholen.

Amazons Aktion war jedoch in Ordnung, da alle Kindle-Besitzer Amazons Richtlinien zugestimmt hatten und das Buch sowieso nicht ihr Eigentum war – sie hatten nur für die Nutzung des Buches zu Amazons Bedingungen bezahlt.

Was hat dies mit Bibliotheken und dem Gespräch über die Verbesserung der Gesellschaft zu tun? Die Nachfrage nach E-Books wächst, und die Verleger sind zunehmend beunruhigt, wie sie ihre Titel zu Geld machen können. Stellen Sie sich vor, Sie würden Ihr Lesegerät von der Öffentlichen Bibliothek lizenzieren lassen und könnten alle Titel, die Sie möchten, kostenlos herunterladen. Warum sollten Sie jemals wieder ein Buch kaufen? Statt viele Exemplare zu verkaufen, würden die Verlage nur ein Exemplar an die Bibliothek verkaufen. Deshalb versuchen die Verleger, „Reibung" in diesen Prozess zu bringen. Sie machen es einfacher, das Buch direkt vom Verleger zu lizenzieren als es von der Bibliothek zu erhalten. Und viele Verlage weigern sich, E-Books an Bibliotheken zu lizenzieren.

Die Verlage, die dennoch mit Bibliotheken zusammenarbeiten, legen Grenzen fest, wie oft das Buch „ausgeliehen" werden kann. Wenn 26 Leute einen Titel des Verlags Harper Collins gelesen haben, muss die Bibliothek eine neue Lizenz erwerben. Random House machte es sich einfacher: Sie erhöhten den Preis einer E-Book-Lizenz für Bibliotheken um 300 Prozent. In der Welt physischen Eigentums können Sie und ein Bibliothekar in demselben Buchladen dasselbe Buch zum selben Preis kaufen – Sie nehmen es mit nach Hause, und der Bibliothekar stellt es ins Bibliotheksregal. Aber in der E-Book-Welt kann es ein, dass Sie zehn Dollar bezahlen und die Bibliothek, wenn sie es überhaupt bekommen kann, dreißig Dollar.[84] Wenn die Verlage überhaupt bereit sind, mit Bibliotheken zu verhandeln! Das hat Bibliotheken veranlasst zu fragen, ob sie überhaupt E-Books anbieten sollten. Einige Bibliotheken haben den Boykott ausgerufen.[85]

---

84 Matt Weaver, von der West Lake Public Library in Ohio hat mir von einer E-Book-Bestellung berichtet, die im Februar $926.58 kostete, und zwei Wochen später $2,299.74.
85 http://www.cbc.ca/news/arts/story/2012/04/02/ns-south-shore-libraries-boycot-random-house. html (Letzter Zugriff am 8. Mai 2012)

Wozu die lange Geschichte über E-Books? Weil es außer Frage steht, dass Communities aller Art E-Books in Bibliotheken haben wollen. Wenn die Bibliothek aber einfach ihr Bestes tut, diese Nachfrage zu bedienen, können zwei Dinge passieren. Die Community wird mit der Auswahl unzufrieden sein. Viele Titel, die sie sucht, sind nicht in der Bibliothek, weil Verleger sie nicht an Bibliotheken lizenzieren. Außerdem kann es passieren, dass die Dienstleistungen der Bibliothek eingeschränkt werden müssen, weil mehr Geld für E-Book-Lizenzen ausgegeben werden muss.

Ich habe eine klare Meinung zu dieser Angelegenheit, aber ich nehme es keinem, auch den Unternehmen, nicht übel, wenn sie Geld verdienen wollen. Eine Vielzahl von Berufsfeldern, darunter Bibliotheken, Verleger, Reiseagenturen, Ärzte, Musiker, Filmemacher sind großen Veränderungen ausgesetzt und versuchen, ihre Position und ihr Geschäftsmodell zu finden. Wir sollten von Bibliotheken erwarten, dass sie über diese Entwicklungen informiert sind und sich gut auskennen. Wir sollten auch erwarten, dass Bibliotheken aktiv informieren und zu einer Meinungsbildung der Community zu diesem Thema beitragen.

Will unsere Community Mittel für E-Books verwenden, die jederzeit verschwinden können – wie der Freegal-Musik-Dienst, den ich im zweiten Kapitel erwähnt habe? Und will unsere Gemeinschaft zu diesem Thema eine Position beziehen? Wenn Ihnen die Idee nicht gefällt, dass Amazon oder Apple oder Barnes & Noble Eigentümer der Artikel bleiben, die Sie bezahlen (und die sie jederzeit löschen können), sollten Sie von Ihrer Bibliothek fordern, dass sie die Community unterstützt, indem sie diese Meinung bekannt macht und mit daran arbeitet, die Situation zu verändern.

Eine ganz ähnliche Diskussion findet in unseren Universitäten zum wissenschaftliches Publizieren statt. Im zweiten Kapitel habe ich Ihnen kurz gezeigt, welche enormen Kosten mit der Lizenzierung wissenschaftlicher Datenbanken verbunden sind. (Ich spreche hier von Lizenzierung, nicht Kauf.) Viele Universitäten sind zunehmend verärgert darüber, dass die Regierung Forschung finanziert, der Forscher die Ergebnisse zusammenstellt und dann kostenlos an einen Verlag gibt, der den Artikel in einer Zeitschrift veröffentlicht. Der Wissenschaftsverlag verlangt dann von Bibliotheken, Wissenschaftlern und Universitäten, dass sie diesen Artikel zu eskalierenden Preisen „zurückkaufen". Schlimmer noch: Da die Bibliothek der Wissenschaftler und die Universität nicht mehr die Eigentümer des Werkes sind, kaufen sie nur das Recht, es zu lesen. Wenn die Universität die Lizenz nicht jährlich erneuert, verschwinden die Artikel.

Das hat eine wachsende Anzahl von Wissenschaftlern und Bibliothekaren veranlasst, nach alternativen Publikationsmodellen zu suchen. Mittlerweile ist zum Beispiel die Open-Access-Bewegung sehr groß. Nach diesem Modell werden Artikel im Internet kostenlos zugänglich gemacht. Die Mittel, um das Werk herauszugeben und dessen Qualität sicherzustellen, kommen vom Autor oder von einer Fachgesellschaft, die als Herausgeber fungiert.

Wie steht Ihre Community zu diesem Thema? Was tut sie in diesem Zusammenhang? Mehrere große Universitäten wie die Universität North Carolina oder die Universität Harvard haben Richtlinien verabschiedet, nach denen alle Veröffentlichungen der Universität (mit einigen Ausnahmen) als Open-Access-Veröffentlichungen erscheinen müssen. Obwohl dies vor allem eine Diskussion ist, die die Wissenschaftler über Qualitätsgutachten (Peer Review), über Kriterien für die Vergabe fester Professorenstellen und sogar über ihre Verpflichtung, an öffentlichen Debatten teilzunehmen, führen müssen, spielen die Bibliotheken in diesem Bereich eine wichtige Rolle. Wir sollten erwarten, dass Bibliothekare ihre Community informieren, die Risiken und Chancen diskutieren und das Gespräch über Open Access und wissenschaftliches Publizieren unterstützen. Ich habe nicht gesagt, dass die Bibliothek Richtlinien erstellen und durchsetzen sollte. Die Bibliothek sollte das Gespräch mit der Gemeinschaft darüber führen, welche Bedürfnisse und Wünsche welche Auswirkungen auf die Bibliothek haben, und das Gespräch durch Kenntnisse und Expertenwissen der Bibliothek gestalten.

Eingezäunte Gärten

E-Books haben noch zu einem weiteren Problem im Zusammenhang mit bibliothekarische Informations- und Organisationsaktivitäten in unseren Communities geführt: eingezäunte Gärten. Eingezäunte Gärten sind unternehmenseigene Systeme, in denen Inhalte aufbewahrt und bereitgestellt werden. Wenn Sie eine App auf Ihren iPad oder Ihr iPhone laden wollen, müssen Sie über den App Store von Apple gehen. Keine App kann direkt auf das Gerät oder in den App Store geladen werden, so dass die Firma Apple eine fast vollständige Kontrolle über die Apps hat, auf die Sie zugreifen können.

Dieses Konzept wird auch auf Inhalte ausgedehnt. Wenn Sie beispielsweise Bücher für Ihren Kindle von Amazon kaufen, weigert sich die Buchhandelskette Barnes & Noble, die ihr eigenes E-Book-Lesegerät, Nook, verkauft, Ihnen dieses Buch zu offerieren, sofern die E-Book-Version nur für den Kindle zur Verfügung steht. In physischen Buchläden ist das kein Problem, weil Sie auf einen anderen Ort ausweichen können – eine Bibliothek oder einen anderen Buchladen. Aber für Ihren Kindle gibt es nur eine Quelle – Sie leben in einem eingezäunten Garten. Er mag schön sein und Ihre Bedürfnisse befriedigen, aber die Zäune sind da.

Ich habe gerade lange über physische und digitale Bücher gesprochen, aber ich habe schon mehrfach gesagt, dass wir von Bibliotheken mehr erwarten müssen als Bücher. Bibliotheken und ihr Einsatz für eine bessere Gesellschaft sind auf die Community ausgerichtet. Trifft dies auch auf eingezäunte Gärten zu? Jawohl.

Es besteht eine große Wahrscheinlichkeit, dass Sie, wenn Sie das Internet nutzen, auch ein Soziales Netzwerk nutzen,[86] und dann nutzen Sie mit hoher Wahrscheinlichkeit Facebook. Facebook ist ein eingezäunter Garten, aber umgekehrt. Haben Sie sich jemals darüber gewundert, warum Facebook kostenlos ist? Weil Sie das Produkt und nicht der Kunde sind. Anders als bei Apple und Amazon, die das, was Sie aus dem Garten bekommen können, einschränken, kontrolliert Facebook, was andere von Ihnen (oder über Sie) in ihren eingezäunten Garten bekommen können.

Alles, was Sie dort anschauen, Ihre Freunde, sogar die Fotos, die Sie hochladen, gehören Facebook, und Facebook verkauft diese Information an Werbe- und andere Unternehmen. (Erinnern Sie sich an das

---

86 Rainie, L. (2012). *The emerging information landscape: The 8 realities of the "new normal"* [PowerPoint slide 11]. Abgerufen vom Pew Internet & American Life Project: http://www. pewinternet.org/Presentations/2012/Feb/NFAIS--New-Normal.aspx

Beispiel der Regierungen, die Soziale Netzwerke überwachen, um Protestaktionen im Voraus zu erkennen?) Für die meisten von uns, mich eingeschlossen, ist der Wert, den Facebook für uns hat, die Einschränkung unserer Privatsphäre wert. In der Regel wissen aber viele Leute der Community nicht, dass sie überhaupt einen Preis bezahlen, und die meisten von uns reagieren verärgert, wenn Facebook sein Recht ausübt, die Regeln zu ändern. Besonders verärgert sind Leute, die ihren Facebook-Account löschen möchten und lernen müssen, dass Facebook sich das Recht reserviert hat, alle Updates, Fotos usw. ewig aufzubewahren (und für gezielte Werbung zu nutzen).

Gigantische Herausforderungen (Grand Challenges)

Ich kehre zu unseren Erwartungen an Bibliothekare im Gespräch über die Verbesserung der Gesellschaft zurück. Die Träume einer Gemeinschaft haben viele Dimensionen: wirtschaftliche, spirituelle, der Erholung dienende, wissenschaftliche usw. Zu welchen Dimensionen sollten Bibliotheken am meisten beitragen? Statt einer langen Liste von Bereichen, in denen wir einen wichtigen Gemeinschaftsbeitrag von Bibliotheken fordern sollten, möchte ich über „Gigantische Herausforderungen" (Grand Challenges) sprechen.

Eine „Gigantische Herausforderung" (Grand Challenge) ist ein grundlegendes Problem mit weitem Anwendungsbereich, auf das man mit einem breiten Spektrum an Lösungsansätzen reagiert. Es ist ein anspruchsvolles Ziel einer Gemeinschaft, das hilft, einen Forschungsbereich zu definieren und zu priorisieren, ohne Strategien und Lösungen zu diktieren. Eine „Gigantische Herausforderung" dient auch als Einladung an Einrichtungen, Wissenschaftler, Unternehmen und Regierungsstellen aus den verschiedensten Bereichen, die Herausforderung anzunehmen. Ein besonders gutes Beispiel dieses Vorgehens findet sich mit der Entschlüsselung des Humangenoms in der Biologie.

1990 haben Wissenschaftler aus der ganzen Welt damit begonnen, den menschlichen genetischen Code zu verzeichnen, also zwischen 20.000 und 25.000 Gene.[87] Partner aus Universitäten, Regierungsein-

---

87 http://www.ornl.gov/sci/techresources/Human_Genome/home.shtml (Letzter Zugriff am 4. Dezember 2015)

richtungen, und privaten Unternehmen waren davon überzeugt, dass Kenntnisse der grundlegenden Bausteine des Lebens neue Therapien für Krankheiten eröffnen, neues Wissen über die Evolution enthüllen sowie die Möglichkeiten von Pharma-Unternehmen sowie Ärzten und Forschern erweitern würden. Über einen Zeitraum von 13 Jahren wurden neue Technologien entwickelt und neues Wissen darüber generiert, wie menschliches Leben auf der Zellebene funktioniert. Biologie, Medizin, Pharmazie, Kriminalwissenschaften und andere Bereiche haben sich so grundlegend verändert.

Gibt es ebenso große Herausforderungen, in denen unsere Bibliotheken sich engagieren sollten? Was sind die „Gigantischen Herausforderungen" für die Bibliothekswissenschaft, und wie können wir zusammenarbeiten, um unsere Gesellschaft zu verbessern? Im April 2012 kam eine Gruppe Bibliothekare und Informationswissenschaftler in Dallas, Texas, zusammen, um diese Frage zu beantworten. Sie definierten eine Reihe von Themen, die sich um das zentrale Konzept der Wissensinfrastruktur drehten.

Wissensinfrastruktur ist eine reichhaltige Mischung aus Menschen, Technologie, Quellen und Berechtigungen. Wie die DNA ist die Wissensinfrastruktur ein wesentlicher Teil Ihres Alltags, und wie die DNA ist sie Ihnen vermutlich nicht bewusst. Es gibt sichtbare Teile der Wissensinfrastruktur wie Ihr Mobiltelefon. Über 64% der erwachsenen US-Bürger besitzen ein Smartphone[88], ein Telefon, mit dem sie im Internet surfen und Seiten auf Sozialen Netzwerken wie Facebook und Twitter updaten können. Wir haben uns auch an weitere Teile des Wissensnetzwerks wie die digitalen Netze gewöhnt, die alles von Text über Film und Musik übermitteln.

Einige Teile des Wissensnetzwerks werden uns immer bewusster, wie Richtlinien und Gesetze, die die Infrastruktur regeln. Wenn Sie heutzutage von Piraten hören, können die aus Somalia und gleichermaßen aus den Vorstädten kommen, wo Jugendliche den Film „Captain America" über BitTorrent herunterladen. Es ist ein großer Streit darüber ausgebrochen, wem Ideen und Inhalte gehören und was die Bürger damit machen dürfen. Das hat Auswirkungen auf unsere nationale Wissensinfrastruktur.

---

88 http://www.pewinternet.org/fest-sheets/mobile-technology-fact-sheet/ (Letzter Zugriff am 4. Dezember 2015)

Manche sehen es als eine aktive Wissensinfrastruktur, wenn Schulen, Hochschulen und Universitäten Online-Kurse anbieten. Manche halten das Internet für die Wissensinfrastruktur, und manche schließen auch Telefonsysteme ein, die zunehmend über das Internet funktionieren. Manche schließen Informationsressourcen wie Bibliotheken und Museen in ihre Vorstellung von Wissensinfrastruktur ein.

In Nordamerika ist die Wissensinfrastruktur sehr vielfältig geworden und mit unserem Leben verwoben. Nehmen wir etwas so Einfaches wie die Fahrt zur Arbeit. Mit ziemlicher Sicherheit wird Ihr Auto von Computern kontrolliert. In den neuen Autos regulieren Computer die Benzinzufuhr zum Motor, überwachen eine Reihe von Sensoren, so dass Sie eine Nachricht erhalten, wenn ein Problem auftaucht, überwachen Funksignale das Öffnen des Wagens oder sie stellen den Motor ab, wenn das Auto gestohlen wurde. Vermutlich kommunizieren weitere Computer im Auto mit Satelliten und errechnen Ihren Standort (GPS) und welche Musik Sie hören (Satellitenradio).

Ihr Auto fährt auf einer Straße, die vielleicht wie vor fünfzig Jahren aussieht, aber diese Ähnlichkeit ist nur oberflächlich. Wenn Sie in einer Großstadt fahren, fahren Sie auf smarten Straßen. Sensoren im Asphalt erfassen, wie viele Autos mit welcher Geschwindigkeit auf der Straße fahren. Auf diese Art kontrollieren die Straßen die Ampeln, um Verkehrsstaus zu verhindern. Solche Sensoren werden auch in abgelegene Landstraßen eingebaut. Bei Frost kann die Straße Salz anfordern. Sie hilft dadurch Kosten zu sparen und die Umwelt von einer Überdosierung mit Salz zu entlasten.

Wenn Sie an der Ostküste der USA auf einer mautpflichtigen Autobahn fahren, können Sie durch die Zahlstellen durchfahren, weil ein E-ZPass-System auf der Basis von RFID-Technologie Ihr Fahrzeug automatisch erkennt und Ihr Konto direkt mit der Autobahngebühr belastet. Sie halten vielleicht drahtlose Systeme für das Einziehen von Autobahngebühren nicht für Wissensinfrastruktur, aber vor kurzem wurde diese Technologie zur Datensammlung als Beweismittel in einem Scheidungsprozess genutzt. Anwälte können die Autobahnbetreiber dazu zwingen, die Information, wo Sie sich zu welchem Zeitpunkt aufgehalten haben, herauszugeben. Und das alles passiert, während Sie fahren.

Nach einer Schätzung wird jeder Straßenkilometer bald täglich ein Gigabyte Daten produzieren. Und es wird vermutet, dass diese Daten zu einem Gigabyte in der Stunde anwachsen. Da es in den USA über vier Millionen Kilometer Straße gibt,[89] wären das 3,4 Petabytes Daten in der Stunde oder 28 Exabytes pro Jahr. Was ist ein Exabyte? Das sind 10x10x10x10 Megabytes. Fünf Exabytes können jedes Wort, das je von Menschen gesprochen wurde, speichern. 28 Exabytes Daten auf amerikanischen Straßen, die jedes Jahr generiert werden – eine Menge Daten nur über Fahrbewegungen liegen herum.

Sie mögen darüber nicht nachdenken, aber wenn alle Daten unserer Aktivitäten gesammelt werden, kann es richtig gruselig werden. Charles Duhigg ist ein Journalist für die New York Times und hat ein Buch geschrieben mit dem Titel: *Die Macht der Gewohnheit: Warum wir tun, was wir tun.* Er erzählt, wie die Daten aus diesen scheinbar unsichtbaren Netzen und Quellen unerwartete Anwendungen erfahren können, beispielsweise, um der Ladenkette Target zu übermitteln, wenn jemand schwanger ist.

Schwangerschaft ist eine Zeit großer Veränderungen im Leben einer Frau, und Target möchte, dass diese Veränderungen zu einem größeren Einkaufsvolumen in seinen Geschäften führen. Target nutzt alle verfügbaren Daten seiner Kunden, um seine Produkte gezielter zu vermarkten. In einem Interview hat Duhigg sich dazu geäußert, wie Target herausfinden kann, ob eine Frau schwanger ist.

„Einer der Analysten – ich habe mit dem Mann gesprochen, der das Modell entwickelt hat – hat herausgefunden, dass Frauen, die plötzlich unparfümierte Lotion kaufen, möglicherweise schwanger sind. Dann schauten sie, was diese Frauen sonst noch kauften, sie konnten diese Experimente durchführen, weil sie die Neugeborenen registrieren. Sie haben eine ganze Gruppe von Kunden, von denen sie wussten, dass sie schwanger sind, und sie konnten das Datum der Niederkunft vorhersagen.

Wenn Sie unparfümierte Lotion kaufen und dann plötzlich bestimmte Mineralien wie Zink oder Magnesium, sind Sie vermutlich schwanger und vermutlich im vierten Monat. Wenn diese Person nach einer Zeit Waschlappen, Watte und Hand-Desinfektionsmittel kauft, was sie zuvor nie getan hat, können Sie diese Information nutzen.

---

89 https://www.dot.ny.gov/highway-data-services (Letzter Zugriff am 4. Dezember 2015)

Und dann gibt es etwa 25 Produkte, von denen man ableiten kann, wann die Niederkunft sein wird – mit einer Genauigkeits-Toleranz von zwei Wochen. Diese Person hat Ihnen nicht erzählt, dass sie schwanger ist, vielleicht hat sie es ihren Eltern nicht erzählt. Target kann auf Grund des Kaufverhaltens nicht nur sagen, dass Sie schwanger sind, sondern wann der voraussichtliche Termin der Niederkunft ist. Das gibt Target eine große Macht, genau zum richtigen Zeitpunkt die richtigen Angebote zu machen." [90]

Wenn Target so genaue Vorhersagen machen kann, was können Sie, Ihre Community oder andere Personen mit so vielen Informationen noch tun – Gutes und Schlechtes?

Die schlechte Nachricht über unsere Wissensinfrastruktur: Sie ist kaputt. Das mag nicht so erscheinen. Schließlich funktionieren unsere Telefone, die Ampeln springen um, und Target verdient, aber die Infrastruktur ist kaputt.

Zunächst ist sie unkoordiniert und befindet sich oft in einem Zwiespalt. Sie ist ein Markt mit einer Mischung aus öffentlichen und privaten Komponenten und wird dies bleiben, aber es gibt wenige Strategien, um sie zu verbessern. Außerdem ist die Wissensinfrastruktur stark auf ein vereinfachtes Bild von Verbrauch und Produktion ausgerichtet. In diesem Bild gibt es Einheiten, die Inhalte herstellen (Bücher, Filme, Lieder usw.) und es gibt Verbraucher, die sie kaufen oder erwerben. Leider macht dieses Modell nicht mehr viel Sinn. Wir sind alle Hersteller und Nutzer. Wir sind Teilnehmer in einem Gespräch, nicht nur Kunden auf einem Markt.

Denken Sie an YouTube. Auf dieser Webseite können Sie sich nicht nur virale Videos über Katzen anschauen, sondern auch Ihr eigenes Video hochladen. Schauen Sie nun die Internetverbindung an, die Sie nutzen, um auf YouTube zuzugreifen. Wahrscheinlich ist es eine asymmetrische Verbindung, die Ihnen erlaubt, Information sehr viel schneller herunterzuladen als hochzuladen. Sie können das Video über Katzen in vielleicht zehn Sekunden herunterladen, während es möglicherweise zehn Minuten dauert, um es hochzuladen. Warum? Weil die Zuteilung von Bandbreite auf der Annahme basiert, dass Sie mehr nutzen als produzieren.

---

90 http://www.npr.org/templates/transcript/transcript.php?storyId=147192599 (Letzter Zugriff am 8. Mai 2012)

Das trifft nicht nur auf die Technologie zu, sondern auf alle Bereiche der Wissensinfrastruktur. Gehen Sie in die Bibliothek und leihen ein Buch aus. Einfach, nicht wahr? Nun gehen Sie zurück in die Bibliothek und versuchen, ein Buch, das Sie selbst geschrieben haben, ins Regal zu bekommen. Belegen Sie ein Seminar an der Hochschule. Und dann versuchen Sie, eins zu unterrichten. Oder schlagen Sie vor, eine Klasse ohne Lehrer einzurichten, nur mit einer Gruppe Studierender, die an einem Projekt arbeiten.

Wo kann man leicht Information in ein Wissenssystem einspeisen? Wo dieses Wissen finanziellen Gewinn bringen kann. Da sind wir wieder bei Webseiten wie Facebook, die kein Geld von Ihnen fordern, weil Sie das Produkt sind.

Lassen Sie es mich deutlich sagen: Der Grund für eine partizipative Infrastruktur ist keine utopische Gleichheitsvision, obwohl das auch nett wäre. Denken Sie stattdessen an Ihr eigenes Interesse an unternehmerischen Aktivitäten und Innovationen.

Beispielsweise gab es im ländlichen England einen Mann, der Motorschlitten liebte. Sein Leben lang sammelte er Motorschlitten und Ersatzteile dafür. Als er in den Ruhestand ging, hatte er eine Scheune voller Motorschlitten und Teile. Eines Tages kam sein Enkelsohn in den Semesterferien zu Besuch. Mit der Erlaubnis seines Großvaters ging der Junge mit einem Laptop und einer Kamera in die Scheune. Innerhalb einer Woche, wiederum mit der Erlaubnis seines Großvaters, war der Inhalt der ganzen Scheune inventarisiert und stand online zur Verfügung. Die Scheune war in ein weltweites Verteilzentrum verwandelt. Zahlreiche Kunden fragten aus Sibirien an; dort gab es viele alte Motorschlitten, aber nur wenige Ersatzteile für sie.

Ohne partizipative Wissensinfrastruktur wären solche spontanen unternehmerischen Aktionen sehr viel schwieriger. Das bezieht sich auch auf die eingezäunten Gärten, von denen ich oben gesprochen habe. Ohne eine Balance zwischen „geschützten" und „offenen Gärten" bricht die Wissensinfrastruktur zusammen.

Ist meine Bibliothek wirklich so großartig?

Was sagt uns diese „Gigantische Herausforderung" darüber, wie Bibliotheken in Communities arbeiten können, um diese zu verbessern? Zunächst sind Bibliotheken historisch immer ein großer Teil dieser Wissensinfrastruktur gewesen. Heute ist ihre Rolle nicht mehr so groß, aber sie sind immer noch wichtig. Dazu gehört die Tatsache, dass 99,3% der Öffentlichen Bibliotheken kostenlosen Zugang zum Internet anbieten, und 65,5% der Öffentlichen Bibliotheken berichten, dass sie die einzigen sind, die diesen kostenfreien Internetzugang in ihrer Gemeinde zur Verfügung stellen.[91] Je mehr darüber hinaus lokale Verwaltungen, Bundesstaaten und sogar die Bundesregierung das Internet nutzen, sind Bibliotheken aller Sparten dazu aufgerufen, Zugang und Unterstützung für die Bürger zur Verfügung zu stellen. Wo einst lokal ein Verwaltungsbeamter zur Verfügung stand, um mit einem Problem zu helfen, haben Sie jetzt eine Öffentliche Bibliothek mit Computer-Infrastruktur und Bibliothekaren, die helfen.

Bibliotheken spielen auch in anderer Hinsicht eine wichtige Rolle in der Wissensinfrastruktur. Das Copyright Office der Vereinigten Staaten von Amerika ist ein Büro innerhalb der Library of Congress. Dieses Büro registriert nicht einfach die Urheberschaft eines Werks; es entwickelt Richtlinien zum fairen Gebrauch von Informationen und zu Verletzungen des Urheberrechts.

Ich zitiere von der Webseite:

„Das Copyright Office stellt Expertenunterstützung zu Angelegenheiten des intellektuellen Urheberrechts für den Kongress bereit; berät den Kongress zu geplanten Veränderungen im Urheberrecht der USA; analysiert und unterstützt Entwürfe von Urheberrechtsgesetzen und legislativen Berichten; stellt Studien für den Kongress bereit und führt solche selbst durch; berät den Kongress zur Einhaltung multilateraler Abkommen wie die Berner Konvention zum Schutz literarischer und künstlerischer Werke. Das Office arbeitet mit dem Außenministerium, dem Amerikanischen Büro der Handelsbeauftragten und dem Handelsministerium zusammen und stellt mit ihnen technische Expertise für Verhandlungen zu internationalen Ur-

---

91 http://www.plinternetsurvey.org/analysis/public-libraries-and-community-access (Letzter Zugriff am 4. Dezember 2015)

heberrechtsvereinbarungen zur Verfügung; es unterstützt andere Länder dabei, ihr eigenes Urheberrecht zu entwickeln."[92]

Als Google sich das Ziel gesetzt hatte, alles menschliche Wissen verfügbar zu machen, erschien die Firma in Bibliotheken. Hochschulbibliotheken besitzen einen großen Teil der Forschungsmaterialien des letzten Jahrtausends. Dies berücksichtigt noch nicht einmal die Rolle aller Bibliothekstypen bei der Unterweisung der Bevölkerung, wie man Wissen findet, nutzt und erstellt. Plötzlich werden alle Rechtfertigungen für die Bibliothek, die im zweiten Kapitel diskutiert wurden, noch wichtiger, wenn man sie aus dem Blickwinkel der Wissensinfrastruktur betrachtet, zumal diese einen wachsenden Anteil unserer Wirtschaft einnimmt.

Ja, die Idee der Wissensinfrastruktur ist gigantisch. Sie mögen sich fragen, ob Sie wirklich von Ihrer Öffentlichen Bibliothek erwarten können, darin eine Rolle zu spielen. Das können Sie. Schulbibliothekare können eine wichtige Rolle bei der Verlagerung von schweren statischen Lehrbüchern zu authentischeren Lernwegen und zu einer möglichst diversifizierten Menge von Quellen spielen (einschließlich Experten und anderer Schüler). Das ist genau das, was die neuen, von vielen Bundesstaaten bereits verabschiedeten Kernstandards (Common Core Standards) fordern. Die Schulen von heute werden aufgefordert, das Unterrichten von Fakten und Formeln durch das Unterrichten von Forschung und Prozessen zu ersetzen. Welchen besseren Ort als eine Bibliothek – deren Basisfunktion es ja ist, Wissen zu finden und zu verstehen – gibt es, wenn man Schüler beim prozessorientierten Lernen unterstützen möchte?

Hochschulbibliotheken können Verfechter von Open Access werden, um Entdeckung und Erforschung zu ermöglichen. Parlaments- und Behördenbibliotheken können den Bürgern Zugang zur Regierungsarbeit ermöglichen und so Transparenz in unsere Demokratie bringen. Firmenbibliotheken können das firmeneigene Wissen gewinnbringend für die Unternehmen verwalten.

---

92 http://www.copyright.gov/circs/circ1a.html (Letzter Zugriff am 4. Dezember 2015)

Communities, Konflikte und Gerechtigkeit

Wie Sie mittlerweile sicher mitbekommen haben, benutze ich den Begriff „Community" in einem weiten Sinn. Ich schränke den Begriff nicht auf die Öffentlichkeit oder eine geographische Region ein. Communities sind Menschengruppen, die sich um ein gemeinsames Merkmal gruppieren. Dieses gemeinsame Merkmal kann der Ort sein, an dem sie leben, oder die Schule, die sie besuchen, oder die Einrichtung, für die sie arbeiten. Ich nehme an, dass sich die Mitglieder einer Community dieser Merkmale bewusst sind, dass sie ganz bewusst Teil einer Community sind. Wenn Sie an einer Universität studieren oder arbeiten, ist diese Universität eine Community. Wenn Sie Mitgliedsbeiträge an eine Organisation wie einen Club oder einen Berufsverband zahlen, sind diese auch Communities.

Sie sind nicht auf eine einzige Community beschränkt. Sie können Teil der Community an Ihrer Arbeitsstelle sein, Teil der Community an Ihrem Wohnort, Teil einer Berufsgemeinschaft und so weiter. Nicht alle Communities brauchen Bibliotheken. Aber in den Gemeinschaften, die sie brauchen, ist die Bibliothek ein Teil der Gemeinschaft, und Sie sollten von der Bibliothek erwarten, dass sie sich an der Verbesserung der Gemeinschaft beteiligt.

Communities haben Wünsche und Träume. Sie sollten von der Bibliothek erwarten, dass sie dabei hilft, diese Träume zu entwickeln und zu realisieren. Communities haben auch Probleme und sehen sich vor Herausforderungen gestellt, und Sie sollten von der Bibliothek nicht nur Hilfe zu deren Lösung erwarten, sondern auch, dass sie die Art und Weise ihrer Hilfe dokumentiert.

Wir wissen einiges, was Communities von ihren Bibliotheken erwarten sollten. Bibliotheken sollten Orte der Wissenserstellung und des Partizipierens an Wissen sein, nicht nur des Konsums und des Ausleihens von Büchern. Die Funktionen der Bibliothek sollten über ihre Mauern hinausreichen. Communities sollten von Bibliotheken erwarten, Dienstleistungen für die zunehmend mobile Bevölkerung anzubieten. Studierende sollten von zuhause auf Bibliotheksdienstleistungen zugreifen können. Firmenmitarbeiter sollten Zugriff auf ihre Bibliothek von ihrem Smartphone haben. Bürger sollten mit der Öffentlichen Bibliothek im weltweiten Netz, in Gemeinschaftszentren und in Rathäusern interagieren können.

Eine weitere Eigenschaft kennzeichnet Communities: Sie müssen begrenzte Ressourcen teilen. Eine Stadt teilt Land und Steuermittel zu, um für die Polizei, das Abwasser und die Bibliothek zu bezahlen. Hochschulen müssen Raum teilen. Im Schulbereich ist Zeit eine wichtige Ressource, die aufgeteilt werden muss. Wie viel Zeit verbringen die Schüler mit Mathematik, Sprachen und anderen Fächern? Unternehmen teilen Autorität und Budgets. Das Teilen ist nicht immer einfach und führt oft zu Konflikten.

Ein Kollege fragte mich einmal, ob Google und Amazon Konkurrenten Öffentlicher Bibliotheken sind. Ich antwortete mit „Nein", da Bibliotheken beide Dienste regelmäßig nutzen. Echte Konkurrenten der Öffentlichen Bibliothek sind oft das Städtische Gartenamt, die Abwasserwirtschaft, der Straßenbau. Wie eine Community die begrenzten Mittel aufteilt, definiert diese Community. Erfolgt die Aufteilung durch gewählte Vertreter (Kuratorium, Fakultätsrat)? Oder wird von oben entschieden (Schuldirektor, Partner der Anwaltskanzlei)?

Ihre Bibliothek sollte ebenfalls eine klare Methode haben, unterschiedliche Gruppen innerhalb Ihrer Communityt zu identifizieren und anzusprechen. Welche Dienste bietet beispielsweise die Hochschulbibliothek für Studierende, für Professoren, für Universitätsmitarbeiter an? Bedient die Bibliothek Bachelorstudierende und fortgeschrittene Studierende gleichermaßen gut? Die kurze Antwort ist vermutlich „Nein", und das ist richtig.

Stopp, sollten Sie nicht sagen, wir fordern, dass alle gleich gut bedient werden?

Nein, gleiche Dienstleistungen für die ganze Community sind zwar ein Ideal, aber unrealistisch für eine Community, die mehr als fünf oder sechs Personen umfasst. Nehmen Sie eine Öffentliche Bibliothek. Welche Untergruppen gibt es in dieser Gemeinschaft? Eltern, Kinder, Senioren, Geschäftsleute, Teenager, Regierungsbeamte, Anwälte, Ärzte ... so könnten wir lange fortfahren. Eine Öffentliche Bibliothek in Connecticut, für die ich gearbeitet habe, hat dies einmal untersucht. Zusätzlich zu den Eltern und Senioren identifizierte sie die Gruppe der Pendler, die zur Arbeit nach New York City fährt, die Skateboard-Fahrer, die

Gartenliebhaber, die Nachhilfelehrer und Lehrer. In einer Hochschul-
umgebung können Sie die Professoren in Lehrende und Forschende
aufteilen; oder die Naturwissenschaften versus Geisteswissenschaften.
Jede Community kann fast unendlich unterteilt werden (beispielsweise
nach Alter, Größe, Geburtsland, Gehalt und Bildungsstand).

Niemand kann erwarten, dass die Bibliothek all diese Gruppen
gleich bedient. Sie sollten allerdings von Ihrer Bibliothek fordern, dass
sie sie gleichberechtigt bedient. Was ist der Unterschied? Gleich versus
fair. Gleiche Dienste bedeuten meist einen ausgezeichneten Dienst für
eine Untergruppe und variierenden Nutzen für alle anderen Gruppen
der Community. Beispielsweise ist es Gleichheit, wenn alle in der Community Bücher ausleihen können. Wenn Sie Bücher in Braille-Schrift
an Sehbehinderte ausleihen, erweitern Sie diesen Dienst gleichberechtigt auf eine andere Untergruppe. Ausleihe für alle und Auslieferung für
diejenigen, die ihr Haus nicht verlassen können.

Nehmen Sie zum Beispiel Zugang und Internet. Die meisten Bibliotheken bieten den gleichen Zugang zum Internet innerhalb ihrer
Wände an. Es ist der gleiche Zugang, da für Beleuchtung und Heizung
gleichermaßen gesorgt wird. Jedoch stellen Bibliotheken auch Zugang
über das Internet zur Verfügung. So kann man den Internetzugang für
Bibliotheksangebote von zu Hause aus oder per Telefon nutzen. Daher
ist dieser Zugang von Gleichheit weit entfernt. Abgesehen davon, dass
die meisten Bibliotheken mobilen Nutzern nur einen ziemlich armseligen Service anbieten verglichen mit den eines Desktop Systems. Stattdessen denken Sie auch an die, die keinen Zugang zum Internet haben
und noch viel weniger zu den Angeboten der Bibliothek von zuhause
aus.

Für einige Communities mag das kein Problem sein, weil die Mitglieder leichten Zugang zu der physischen Bibliothek haben. Aber häufig ist der physische Zugang nicht so einfach. In vielen Städten gibt es
aus einigen Stadtteilen unzureichende Verbindungen mit öffentlichen
Verkehrsmitteln für arme Eltern zur Stadtbibliothek Bibliothek und
zum Arbeitsplatz. In einer Hochschule oder in einem Unternehmen
kann es sein, dass die Kunden außerhalb des Hochschulgeländes arbeiten oder auf Geschäftsreisen sind. Bemüht die Bibliothek sich um
gleichberechtigten Zugang auch für diese Kunden?

In New York City gibt es schätzungsweise 750.000 Haushalte ohne Internetanschluss.[93] Für Kinder aus diesen Haushalten ist Internetzugang kaum ein Luxus, sondern eine Notwendigkeit. Die Schulen stellen zunehmend Lehrbücher und Unterrichtsmaterialien online. Die Eltern haben keinen direkten Zugang zu elektronischen Regierungsdiensten oder Arbeitsmöglichkeiten. Die Bibliothek zu besuchen, kann schwierig oder sogar gefährlich sein. Deshalb hat die New York Public Library entschieden, dass Zugang zum Internet in ihren Gebäuden nicht ausreicht. Die Bibliothek leiht Internet Hot Spots aus.

Ein Hot Spot ist ein kleines Gerät, das über das Telefonnetz eine Funknetz-Verbindung mit dem Internet herstellt. Bewohner von New York konnten das Gerät ausleihen und monatelang mit nach Hause nehmen. Sie konnten Bibliotheksdienste und auch alle anderen Netzdienste nutzen. Bibliotheken im ländlichen Raum versuchen, ähnliche Dienste anzubieten. Im ländlichen Illinois haben Bibliotheken Hot Spots auf Bauernmärkte und zu Fußballspielen gebracht. Diese Bibliotheken sahen die Bibliothek nicht als auf ihre Wände begrenzt, sondern als durch die Community definiert an. Sie sollten das in Ihrer Community von Ihrer Bibliothek genauso erwarten.

Gleichberechtigte Dienste kann man nicht klar definieren. Letztlich ist es eine Art Übereinkunft zwischen den Gruppen einer Community und der Bibliothek. Sie sollen von Ihrer Bibliothek und den Bibliothekaren erwarten, dass sie alle die Community mit gleichberechtigten Diensten versehen. Dieses Engagement sollte ein transparenter Prozess sein.

Die Zukunft unserer Wirtschaft, unserer Demokratie und unserer Communities sind zunehmend abhängig von und verwoben mit der Wissensinfrastruktur. Wir müssen von unseren Bibliotheken erwarten, dass sie uns für die Teilnahme an dieser Infrastruktur vorbereiten. Wenn Ihre Bibliothek sich für zu klein hält, um sich an dieser „Gigantischen Herausforderung" zu beteiligen, fordern Sie mehr. Wenn Ihre Bibliothek Sie wie einen Konsumenten behandelt und ihre Vision auf die Schätze unter ihrem Dach beschränkt – fordern Sie mehr. Ihre Gemeinschaft ist zu groß, um in die Bibliothek zu passen, aber zu wichtig, als dass die Bibliothek nicht als Ihr Sprecher in der großen Welt agieren sollte. Verlangen Sie mehr.

---

93 http://www.pbs.org/newshour/bb/internet-scarcity/ (Letzter Zugriff am 5. Dezember 2015)

6

Communities: Erwarten Sie eine Plattform

Auch wenn man nur ein vorüber gehendes Interesse an Bibliotheken hat, hat man vermutlich schon einmal von Melvil Dewey gehört. Wenn Sie den Namen noch nicht gehört haben, haben Sie aber von der Dewey Dezimalklassifikation gehört, dem Sacherschließungssystem, das Dewey gegen Ende des 19. Jahrhunderts entwickelt hat. Das System basiert auf Deweys Überzeugung, dass Standardisierung und Einheitlichkeit in Bibliotheken zu deren Wachstum und Erfolg beitragen.

Dewey hat in einer Zeit gearbeitet, in der die „Industrielle Revolution" zu Ende ging und Henry Fords Werkbänder an Bedeutung zunahmen. Alle Industriezweige erfanden sich für die Massenproduktion und die dafür notwendigen Produktionsprozesse neu. Es war die Zeit, in der sich professionelle Gruppen strikte Regeln gaben, so dass alle Berufsangehörigen über die gleichen Fähigkeiten, Werdegänge und Sichtweisen verfügten.

Diese Bemühungen um Standards, Effizienz und Massenproduktion hatten eine große Auswirkung auf Bibliotheken und wie sie wahrgenommen werden. Bücherpaläste, professionelle Bibliothekare, ruhige Orte, Büchermagazine und Kartenkataloge, die jetzt alle Bestandteile einer Bibliotheksnostalgie sind, können auf diesen Gedanken der industriellen Standardisierung zurückverfolgt werden. In diesem Modell wird die Bibliothek durch eine begrenzte Anzahl von Funktionen definiert (Ausleihe, Beantwortung von Fragen, Katalogisierung) und durch physische Merkmale (Büchermagazine, Auskunftstheke, Lesesäle). Aber wie gesagt, sollten Sie sehr viel mehr von Ihrer Bibliothek erwarten.

Kreativwerkstätten, Berufstraining, mobile Hot Spots, mündlich überlieferte Geschichte (Oral History), Seminare über Rufmord, das passt alles nicht in nette ordentliche Definitionen. Darüber hinaus ist es Ihre Aufgabe und die Ihrer Community, die Aufgaben der Bibliothek auf der Grundlage von Bedürfnissen vor Ort zu definieren und lokale Definitionen, was die Gesellschaft verbessert, zu liefern. Wir müssen mehr erwarten als die Definition einer Bibliothek als eine Gruppe von Funktionen, die für alle Communities auf dem Globus gleichermaßen gelten.

Die Bibliothek als Plattform

In dieser neuen Sichtweise ist die Bibliothek weder ein Ort noch eine Büchersammlung, sondern eine Plattform für die Community zur Generierung und zum Austausch von Wissen. Das ist nicht nur eine rhetorische Veränderung. Es hat reale Auswirkungen darauf, wie Bibliotheken sich organisieren und wie sie Technologie nutzen.

Der Begriff „Plattform" kommt aus der Welt der Informationstechnologie. Eine Plattform stellt eine Reihe von Diensten und Systemen zur Verfügung, die zahlreiche Funktionen ermöglichen. Stellen Sie sich der Einfachheit halber ein iPhone vor, nicht das iPhone, das Sie heute haben, sondern das erste iPhone.

Einige von Ihnen können sich vielleicht nicht mehr erinnern, aber als das erste iPhone auf den Markt kam, gab es keinen App Store, keine Werbung „Dafür gibt es eine App", kein Computerspiel „Angry Birds". Das erste iPhone hatte eine Reihe von Apps, die durch Apple installiert waren, die man nicht löschen konnte, und denen man keine weiteren hinzufügen konnte. Sie konnten E-Mails lesen, im Web surfen, Musik hören, jemandem eine Textnachricht schicken, den Wetterbericht anschauen, Karten aufrufen, YouTube anschauen, Aktienkurse aufrufen … das war's. So haben wir Bibliotheken definiert – festgelegt und standardisiert. Die gleichen Funktionen für alle. Stellen Sie sich jetzt ein iPhone oder ein beliebiges Smartphone von heute vor. Das Telefon ist ein Gerät und ein Betriebssystem. Aber was noch wichtiger ist, es ist eine Plattform, die jedermann erlaubt, Apps zu bauen.

Apple stellt die Plattform zur Verfügung (wie durch Berührung Input verarbeitet wird, wie man eine Verbindung herstellt, wie man über WLAN kommuniziert), aber es ist den App-Entwicklern überlassen, was diese Plattform tun kann (Spiele spielen, Ihren Puls überwachen, Dateien auf einem Server bearbeiten usw.). Statt eines Geräts, das Ihnen Ihre mobile Erfahrung diktiert, ermöglicht es Ihnen, etwas zu erstellen, das Ihnen ganz angepasst ist. Diese Veränderung sollten Sie von Ihrer Bibliothek erwarten. Ihre Bibliothek sollte Ihnen nicht sagen, was Sie tun *können* (lesen, ausleihen, suchen), sie sollte Ihrer Community einen Werkzeugkasten zur Verfügung stellen, damit sie selbst bauen, was die Gemeinschaft *braucht*.

Community Garden

Manchmal hat die Plattform, die die Bibliothek zur Verfügung stellt, wenig mit Technologie zu tun. In Cicero im Bundesstaat New York hat die Northern Onondaga Public Library (NOPL) eine Bibliotheksplattform mit dem Namen LibraryFarm/BibliotheksFarm[94] aufgebaut. Als Mitglieder der Community den Wunsch äußerten, mehr über Gartenbau und Landwirtschaft zu lernen, kauften die Bibliothekare der Öffentlichen Bibliothek nicht nur Bücher zu dem Thema und organisierten Diskussionen, sondern sie bauten eine Farm auf.

Die Community grub ein Stück Land in der Nähe der Bibliothek um und bewirtschaftete es. Sie teilte das Land in Parzellen, und man konnte ein Beet für ein Jahr ausleihen. Nun konnten Leute mit wenig Erfahrung im Gärtnern oder ohne einen Garten sich betätigen und Ratschläge von Experten aus der Community bekommen. Daraus entstand eine Serie von Vorträgen und Demonstrationen, die alle mit „bodenständigen" Aktivitäten verbunden waren. Nach der Ernte wurden die Ernteüberschüsse in Wohlfahrtsküchen vor Ort geschickt. Was als Diskussion über Gärtnern angefangen hatte, entwickelte sich in eine Plattform über Ernährung, das Einkaufen lokaler Lebensmittel und eine Menge anderer Themen. Pfadfinder bauten Gartenbeete. Pfadfinderinnen bauten Insektenhotels, um Insekten anzulocken, die für eine organische Landwirtschaft gebraucht wurden. Alle diese Aktivitäten stärkten die Community.

Die Forschungsbibliothek neu organisieren

Einmal habe ich eine große Forschungsbibliothek beraten, die, nachdem sie sich selbst fast zu Tode verwaltet hatte, mitten in einer Reor-

---

94 http://www.nopl.org/library-farm (Letzter Zugriff am 5. Dezember 2015)

ganisation steckte. Der Direktor der Bibliothek war entlassen worden, die Stimmung der Mitarbeiter befand sich auf dem Nullpunkt, und der Kanzler der Universität hatte einen neuen Direktor berufen, um die Bibliothek wieder flottzumachen. Der neue Direktor hatte Berater hinzugezogen, darunter mich, nicht um einen neuen Plan zu entwickeln, sondern um den Plan gutzuheißen, den er erstellt hatte, und dieser Plan war gut. Das Herzstück dieses Plans war eine Reorganisation der Abteilungen, des Berichtswesens und der Funktionen.

Die meisten Bibliotheken gliedern sich in zwei große Bereiche: den Nutzungsbereich, der alle Dienste umfasst, mit denen die Mitglieder der Community in direktem Kontakt kommen, und die „Technischen Dienste", also die Bibliotheksarbeiten im Hintergrund. Wenn Sie in die Bibliothek gehen und die Bestände nutzen oder ein Buch ausleihen oder Beratung einer Bibliothekarin in Anspruch nehmen, nutzen Sie die Benutzungsdienste. Die Bibliotheksdienste, die Sie nicht sehen wie das Erwerben von Medien, das Katalogisieren, die Betreuung des Integrierten Elektronischen Bibliotheksverwaltungs-Systems, gehören in den Bereich „Technische Dienste". Dieses Modell ist weit verbreitet und in den meisten Hochschulbibliotheken und Öffentlichen Bibliotheken der USA zu finden. Auch in Afrika, Europa und Asien finden Sie dieses Modell.

Warum ist dieses Modell so weit verbreitet? Es hat eine Menge damit zu tun, wie wir Bibliothekare ausbilden, und ebenfalls eine Menge mit der überholten Vorstellung der Bibliothek als Lager. Die Technischen Dienste beschäftigen sich mit dem Zugang der Bücher, die Benutzungsdienste mit dem Abgang. Funktioniert Ihre Gemeinschaft wirklich so? Passt dieses Modell zu einem partizipativen Verständnis von Gemeinschaft?

Der neue Direktor war bei der Erstellung seines Plans von einer seiner Zielgruppen ausgegangen, den Forschern. Das waren vor allem forschungsorientierte Professoren und Promotions- und Masterstudierende, ebenso fortgeschrittene Bachelorstudierende mit dem Fokus auf Wissenserweiterung. Der Direktor war der Meinung, dass ein Forscher zu Beginn eines Forschungsprojekts große Mengen an Informationen benötigt. Der Forscher braucht Hintergrundinformationen, Beispiele früherer Untersuchungen, Zugang zu neuen Konzepten und Theorie. In diesem Stadium macht die Unterscheidung in Benutzungsdienste und Technische Dienste durchaus Sinn. Aber wenn der Forschungsprozess fortschreitet, geht dieser Sinn verloren.

Nehmen wir das Beispiel eines Forschers, der externe Forschungsmittel erhält. Zunehmend müssen Forscher als Teil ihres Antrags darlegen, wie sie Daten erheben, wie diese Daten nachhaltig archiviert werden, wie sie den Zugang zu diesen Daten ermöglichen (nicht nur in veröffentlichten Artikeln, sondern als Zugang zu den Rohdaten), und wie sie persönliche Daten von Leuten, die an der Studie beteiligt sind, schützen. Bibliotheken haben für diese Dinge Systeme. Diese Dienste sind in der Regel Technische Dienste, die im Hintergrund der Bibliothek erstellt werden. Dort erstellen Bibliotheken eine Webseite für ein Projekt und speichern Publikationen oder Konferenzberichte, die auf diesem Projekt basieren. Wenn der Forscher nur mit den Benutzungsdiensten interagiert, kann er nur sehr schwer die Dienste bekommen, die er braucht. Die alte Aufteilung ist sinnlos geworden, weil der Forscher gleichzeitig Nutzer und Produzent von Informationen ist.

Diese Unterscheidung zwischen Diensten, die im direkten Kontakt mit den Mitgliedern der Community, und solchen, die im Hintergrund erbracht werden, verschwimmt auch, wenn wir den Lehrauftrag einer Hochschule betrachten. Die Lehrenden nutzen Informationen in Form von Artikeln und Medien, die im Seminar eine Rolle spielen. Sie erstellen jedoch auch ihre eigenen Sammlungen und Materialien. Wie passen diese von Mitgliedern produzierten Materialien in die Bibliothek? Gegenwärtig überhaupt nicht, vielmehr liegt die Information auf der Festplatte eines Professors, der sie vielleicht aufbewahrt und vielleicht auch nicht, und der sie vielleicht in der Hochschule zurücklässt, wenn er emeritiert wird oder an eine andere Hochschule geht, oder vielleicht auch nicht.

Nun zurück zu der Forschungsbibliothek, die mich als Berater hinzugezogen hatte. Der Bibliotheksdirektor warf das Modell der Unterscheidung von Technischen Diensten und Benutzerdiensten über den Haufen. Stattdessen organisierte er die Bibliothek nach den Aspekten Forschung und Lehre/Lernen. Wenn ein Forscher in die Bibliothek kam, wurde ihm ein Forschungsbibliothekar zugeordnet. Sie gingen gemeinsam das Projekt durch, und der Bibliothekar organisierte die Dienste der Bibliothek für das jeweilige Projekt. Der Professor brauchte nicht zu wissen oder sich darum zu kümmern, dass jemand aus den Technischen Diensten die Projektseite erstellte. Der Professor musste nicht wissen, dass die Informationsabteilung die Literaturrecherche zu dem Thema durchführte, oder dass es die IT-Abteilung war, die den Datenspeicher für die Forschungsdaten betreute.

Gleichermaßen wurden der Lehre zugeteilte Bibliothekare Ansprechpartner für Bibliotheksdienste, die die Lehre unterstützen, indem sie Semesterapparate oder Präsenzexemplare von Lehrbüchern bereitstellen.

Die Bibliothek wurde in diesem Fall eine „menschliche Plattform", die ermöglicht, die strategischen Ziele der Universität schneller zu erreichen: bessere Forschung und bessere Lehre. In diesem Fall mussten die Leute jedoch in die Bibliothek kommen. Was passiert, wenn die Bibliothek sich selbst in der Gemeinschaft verankert?

e-Science

Im Jahr 2001 nahm Ellen Roche, eine 24-jährige Laborantin, an einer klinischen Studie am Asthma- und Allergiezentrum der Johns Hopkins University teil. Die Studie untersuchte, wie die Lungen auf chemische Reizstoffe reagieren. Die Forscher ließen Ellen Roche Hexamethonium inhalieren. Roche war die dritte Probandin in der Studie. Die erste Probandin hatte einen eine Woche andauernden leichten Husten bekommen. Die Zweite Probandin hatte keine Abwehrreaktionen gezeigt. Roche bekam einen Husten, der immer schlimmer wurde. Fünf Tage nach Einatmen der Chemikalie wurde Roche in die Intensivstation eingeliefert, weniger als einen Monat später war sie tot.[95]

Was die Geschichte noch tragischer macht, ihr Tod hätte vermieden werden können. Als Teil der klinischen Studie hatte der Forscher eine Literaturrecherche durchgeführt. Er nutzte eine Datenbank, in der Studien seit den 1960er Jahren erfasst waren. Hätte er sich nicht auf die im Internet zugängliche Version der Datenbank beschränkt, hätte er Studien aus den 1950er Jahren gefunden, die einen Zusammenhang

---

95 Keiger, D. & De Pasquale, S. (2002). Trials & tribulation. *Johns Hopkins Magazine*, *54*(1). Abgerufen von http://www.jhu.edu/jhumag/0202web/trials.html (Letzter Zugriff am 5. Dezember 2015)

zwischen Hexamethonium und schweren Lungenproblemen feststellen. Seit Roches Tod dürfen pharmazeutischen Studien erst nach einer Beratung durch einen Bibliothekar und einen Pharmakologen erfolgen.

Die Geschichte ist tragisch. Ich fürchte jedoch, dass Tod durch fehlende Information nicht vermieden werden kann. Erinnern Sie sich an die Diskussion der kaputten Wissensinfrastruktur. Die heutigen Probleme nehmen an Umfang und Komplexität zu. Forscher von heute stehen einer wachsenden Menge von Informationen, einer riesigen Zunahme an Forschungsdaten und komplexeren Problemen gegenüber, die mehr Zusammenarbeit mit Forschern anderer Einrichtungen und anderer Disziplinen erfordern. Als Beispiel nenne ich die Suche nach dem kleinsten Elementarteilchen mit dem Teilchenbeschleuniger LHC am CERN in Genf.

Der Large Hadron Collider LHC ist eine komplexe elektronische Anlage mit mächtigen Magneten und erstreckt sich über eine Länge von 27 Kilometern, vergraben unter der Landschaft auf schweizerischem und französischem Gebiet. Er kann Partikel bis fast auf Lichtgeschwindigkeit beschleunigen und exakt aufeinanderprallen lassen. Beim Zusammenstoß splittern die Partikel, und Elementarteilchen wie Quarks und das Higgs-Boson, das sogenannte Gottesteilchen, das dem Universum seine Masse verleiht, werden freigesetzt.

Der Bau des Beschleunigers hat etwa neun Milliarden Dollar gekostet und mehr als zehn Jahre gedauert. Natürlich wird ein solches Forschungsgerät nicht für jede Wissenschaftlergruppe oder Universität gebaut, die in der Kernphysik forschen. Wissenschaftler der ganzen Welt arbeiten entweder virtuell oder vor Ort mit dem LHC-Beschleuniger. Einen Eindruck davon, wie komplex Forschung dieser Größenordnung sein kann, vermittelt ein Artikel mit den Forschungsergebnissen eines Experiments am LHC, der 3.046 Autoren verzeichnet.[96]

Große Datenmengen und Kooperationen in großem Maßstab sind nicht auf Hochenergiephysik beschränkt. Geisteswissenschaftler können mit Hunderttausenden digitaler Texte arbeiten. Sozialwissenschaft-

---

96 ATLAS Collaboration (2012). Search for down-type fourth generation quarks with the ATLAS detector in events with one lepton and high transverse momentum hadronically decaying W bosons in sqrt(s) = 7 TeV pp collisions. Abgerufen von http://inspirehep.net/record/1091070 (Letzter Zugriff am 5. Dezember 2015)

ler analysieren Milliarden Webseiten und Updates in den Sozialen Netzen, um das Verhalten von Online-Nutzern zu untersuchen. Pharmazeutische Unternehmen können Millionen chemischer Kombinationen gegen Krankheiten generieren – und jede Kombination erfordert eine weitere Forschung, um sicherzustellen, dass ein neues Medikament hilft und nicht tötet.

Um den naturwissenschaftlichen Fortschritt zu beschleunigen und die potentiell katastrophalen Folgen der Informationsüberflutung zu vermeiden, sind hochspezialisierte Bibliothekare jetzt in Labors angestellt. Sie arbeiten direkt mit Forschern und organisieren Unmengen an Forschungsdaten, vereinfachen die Zusammenarbeit zwischen virtuellen Forscherteams rund um den Globus und erstellen Werkzeuge für die Untersuchung einer großen Anzahl neuer Fragen. Die Bibliothekare lernen, ihre Werkzeuge an das Forschungsprojekt anzupassen. Um den Zugriff auf die riesigen Datenmengen, die in den Labors entstehen, zu ermöglichen, nutzen Bibliothekare Datenbanken und die neueste Suchmaschinentechnologie. Sie nutzen auch Software für Arbeitsgruppen und Webkonferenzen, um gute Ideen schnell innerhalb ihrer Teams zu verbreiten. Sie schulen die Forscher in der Nutzung der neuesten Technologien zur Zusammenarbeit und zeigen Wege auf, Möglichkeiten der Forschungsförderung zu identifizieren. Sie kümmern sich um die Datensicherheit und unterstützen die Forscher, indem sie zur Verbreitung der Forschungsergebnisse in dem jeweiligen Bereich beitragen.

Zwar können wir nicht von jedem Bibliothekar erwarten, sich mit 3.046 Wissenschaftlern auseinanderzusetzen oder Ordnung in Millionen von Daten zu bringen. Aber wir können erwarten, dass die Bibliothekare ihre Community aufsuchen. Die Community hält sich innerhalb und außerhalb der Bibliothek auf, und das sollten Bibliothekare auch tun. Jeder Bibliothekar – vom einzigen Bibliothekar einer Kleinstadtbücherei bis zum Medizin-Bibliothekar in einem Krankenhaus – sollte einen Teil seiner Zeit außerhalb der Bibliothek in der Community verbringen. Bibliothekare sollten Zeit mit den Professoren ihrer Universität verbringen und an Sitzungen der Industrie- und Handelskammer teilnehmen, kurz: sich in den Arbeitsbereichen ihrer Mitglieder aufhalten statt darauf zu warten, dass die Community in ihre Bibliothek kommt.

Natürlich ist es manchmal sinnvoll, die Community in die Bibliothek kommen zu lassen. Wir haben gerade über in der Community verankerte Bibliothekare gesprochen; was passiert, wenn wir die Community in der Bibliothek verankern?

Gründerzentren in Bibliotheken

Ich habe bereits erwähnt, dass viele Bibliotheken weltweit ähnlich organisiert sind und sich in Benutzungsdienste und Technische Dienste gliedern. Auch ihre Gebäude sind ähnlich gegliedert. Das ist nicht wirklich überraschend. Bibliotheken streben seit über einem Jahrhundert Standardisierung an. Diese Standards sind in Richtlinien und sogar in Gesetzen verankert. In Dallas wurden alle Zweigbibliotheken der Stadtbibliothek auf der Grundlage eines Masterplans gebaut oder renoviert.

Der Masterplan für die Stadtbibliothek Dallas diktiert die Anzahl der Quadratmeter, die Anzahl und Aufstellung der Regale, den Standort der Informationstheke und mehr. Das führt zu einer Vertrautheit, die man von McDonalds-Restaurants kennt. Wohin immer Sie gehen, Sie wissen, was Sie erwartet. Aber sogar McDonalds hat verstanden, dass das Widerspiegeln der lokalen Kultur ein Gefühl der Verbundenheit schafft.

Corinne Hill, seinerzeit die Direktorin des Städtischen Bibliothekssystems Dallas, erkannte dies auch und suchte nach Möglichkeiten, den Masterplan zu modifizieren. In Stadtteilen mit einer großen künstlerischen Community setzte sie Bibliotheken mit Ausstellungsflächen und großen Werkstätten durch. Sie kooperierte mit lokalen Planungsbüros, die Bibliotheken vorschlugen, die so aussahen und sich so anfühlten wie die Community. Wenn sie gefragt wurde, was diese Gebäude gemeinsam hatten, erklärte sie, dass es in der Mitte immer Räume für Zusammenarbeit gab, und darum herum waren Bücher wie Kunstgegenstände gruppiert. Sie könnten dies jetzt so verstehen, dass hier Bücher zu Dekorationsgegenständen herabgesetzt wurden, aber Kunst ist nicht Dekoration. In der Geschichte hat Kunst immer danach gestrebt zu inspirieren, zu erziehen, zu provozieren und zu erinnern. Die Bücher waren keine Dekoration, sondern sie lieferten den Treibstoff für die Arbeit der Bibliothek: Sie ermöglichten gemeinschaftliche Zusammenarbeit.

Als Corinne Hill die Direktorin der Öffentlichen Bibliothek in Chattanooga, Tennessee, wurde, ging sie bei der Gestaltung der Zentralbibliothek noch einen Schritt weiter. Auf der vierten Etage des Gebäudes stand eine Menge alter Möbel und anderer langvergessener Gegenstände. Corinne und ihr Team wussten, dass die Community mehr brauchte; sie räumte die Etage aus und baute „...*ein öffentliches Lernlabor für Information, Design, Technologie und angewandte Kunst. Auf über 1100 Quadratmetern sind Geräte, Expertise, Schulungen und Veranstaltungen zu diesen Themen zu finden. Während traditionelle Bibliotheksräume Wissenskonsum durch den Zugang zu Medien unterstützen, wird auf der „Vierten Etage" die Produktion, Vernetzung und Verbreitung von Wissen durch Zugang zu Werkzeugen und Schulungen gefördert.*"[97]

Auf der „Vierten Etage" haben bereits internationale Technologie-Konferenzen und Experimente mit Wetterballons stattgefunden. Es gibt Breitband-Internetzugang, Werkzeuge für virtuelle Realitäten sowie Forschungs-, Erfinder- und Lernwerkzeuge.

Dieses Modell gibt es nicht nur in Chattanooga. Die Regionalbibliothek Ann Arbor beschäftigt eine Reihe Produktions-Bibliothekare. Ihre Arbeit besteht darin, gemeinsam mit der Community neue Werkzeuge und Projekte zu erstellen. Da kommt jemand mit einer Idee für eine neue Webseite. Der Produktions-Bibliothekar kann helfen, sie aufzubauen. Ein Video-Projekt? Der Produktions-Bibliothekar unterstützt. Die Bibliothek ist ein Ort, an dem die Gemeinschaft kreative Dinge erstellt.

Eli Neiburger, einer der Führungskräfte der Bibliothek in Ann Arbor, der Vorgesetzte der Produktions-Bibliothekare, berichtet von einer großartigen Idee. Ein Mitglied der Community fragte in der Bibliothek, ob seine privaten Bücher in dem Bibliothekskatalog aufgenommen werden können, damit die Leute auch diese Bücher ausleihen können. Das Mitglied war bereit, die Bücher im Fall einer Nachfrage in die Bibliothek zu bringen und vermutete, dass andere Leute auch bereit wären, ihre Bücher zu Verfügung zu stellen. Im gegenwärtigen Bibliotheksparadigma ist das eine sonderbare Idee. Die Bibliothek ist schließlich nicht Eigentümerin der privaten Bücher ihrer Mitglieder. Aber wenn Sie die Bibliothek als Plattform definieren, die aus der Community kommt

---

97 http://chattlibrary.org/4th-floor (Letzter Zugriff am 5. Dezember 2015)

statt nur für die Community da zu sein, macht es Sinn. Viele Bibliotheken in unserem Land sind dadurch entstanden, dass Mitglieder der Community private Sammlungen zusammengelegt haben.

Doch warum sollten wir uns auf die Dinge der Community beschränken? Die Bibliothek könnte ein Ort sein, an dem alles gemeinsam genutzt wird. Bibliotheken in der ganzen Welt haben damit begonnen, Personen zu verleihen. In Ann Arbor können Sie Produktions-Bibliothekare ausleihen, in der Bibliothek von Fayetteville einen Bibliothekar, der auf das 3D-Drucken spezialisiert ist, einige Bibliotheken leihen Feuerwehrleute, Rechtsanwälte und Steuerberater aus. Experten der Gemeinschaft sind bereit, der Community Zeit zu schenken, und die Bibliothek kann ihnen dabei helfen, diese Zeit optimal einzusetzen. In Europa gibt es Vorurteils-Bibliotheken, wo man Vorurteile überprüfen kann. Haben Sie noch nie mit einem Muslim gesprochen? Einem Homosexuellen? Einer Lesbe? Einem Latino? Einem Republikaner? Jetzt können Sie es. Es funktioniert, weil die Bibliothek einen sicheren Ort zur Verfügung stellt, an dem solche Gespräche stattfinden können.

Die Community als Sammlung

Das vorangegangene Beispiel zeigt, wie eine Bibliotheksplattform die Bedürfnisse einer Community befriedigt. Es gibt noch einen weiteren wichtigen Aspekt der Bibliothek als Plattform: die beteiligten Menschen. In seinem Bericht aus dem Jahr 2014 mit dem Titel *Rising to the Challenge: Re-Envisioning Public Libraries*[98] hat das Aspen-Institut drei Aktivposten von Bibliotheken identifiziert: Menschen, Räume und Plattformen. Der Aspen-Bericht nennt sie im Zusammenhang mit Öffentlichen Bibliotheken, sie treffen aber auf alle Bibliothekstypen zu. Wir haben das Konzept der Plattform bereits kennengelernt. Lassen Sie mich jetzt über Menschen sprechen und darüber, wie sich das Konzept von Menschen in der Bibliothek radikal verändern sollte.

Viel zu lange haben sich Bibliotheken und die Communities, für die Bibliotheken arbeiten, auf Bestände konzentriert. Wenn Sie sich eine

---

98 http://csreports.aspeninstitute.org/documents/AspenLibrariesReport.pdf (Letzter Zugriff am 5. Dezember 2015) Aus dem New Librarianship Field Guide, MIT Press 2016

Bibliothek vorstellen, stellen Sie sich vermutlich gefüllte Regale und Terminals mit Zugriffsmöglichkeiten auf jede Menge elektronischer Informationen vor, den Bestand, die Materialen und die Quellen. Der eigentliche Bestand einer Bibliothek sind jedoch nicht diese Dinge, sondern die Community selbst. Bibliotheken von heute werden Drehscheiben für soziales und intellektuelles Engagement. Anstatt Sie mit einer Informationsquelle in Verbindung zu bringen, führt die Bibliothek Sie mit Experten, Nachbarn, Kollegen und Mitlernenden zusammen. Auch das ist weit mehr als ein rhetorischer Unterschied. Beispiele können diese Veränderung vielleicht am besten demonstrieren.

Viele Bibliotheken nutzen ehrenamtliches Engagement. In vielen Bibliotheken gibt es Mitglieder, die gerne helfen möchten, in Schulbibliotheken beispielsweise Schüleraushilfen und unterstützende Eltern. Häufig helfen die ehrenamtlichen Mitarbeiter der Bibliothek, ihre Arbeit zu verrichten. Sie stellen Bücher in Regale, transportieren Kisten, leihen Bücher aus und verrichten ähnliche Arbeiten.

So war es auch in der Pine Grove Middle School. Schülerinnen boten der Bibliothekarin Sue Kowalski ihre Hilfe an. Zunächst ließ Sue sie Bücher in die Regale stellen und Möbel aussondern. Aber die Einsatzplanung der freiwilligen Helfer erforderte eine Menge Arbeit. Sie merkte, dass sie umgekehrt vorgehen musste:

„Ich fand es spannend, dass so viele Schüler in ihrer Freizeit helfen wollten. Ich dachte mir Arbeiten für sie aus und hielt sie beschäftigt. Es breitete sich wie ein Feuer aus. Die Nachricht, dass ich kleine Helfer gebrauchen konnte, verbreitete sich, und bald schickte man mir Schüler aus allen möglichen Gründen. Ich hatte den Eindruck, dass die Freiwilligen zunehmend eine Ganztagsbeschäftigung für mich wurden und die Arbeiten ohne mich nicht verrichtet werden würden. Das Ergebnis war minimal: Stühle aufstellen, abstauben, Bücher in die Regale zurückstellen, Bleistifte spitzen. Zunächst wollte ich eine Nachricht „Danke, aber nein danke" verschicken, aber dann verstand ich, dass es positive und kostbare Energie war, nur der Einsatz der Freiwilligen mit gutem Willen musste anders organisiert werden."[99]

Worin bestand die neue Organisation? Darin, dass die Freiwilligen sich selbst organisieren und ihre Kenntnisse einsetzten, statt zu „kleinen

---

99 Vom New Librarianship Field Guide. MIT Press

Bibliothekaren" zu werden. Sue Kowalski nannte die Gruppen iTeams. Diese stellten keine Bücher mehr ins Regal zurück, stattdessen ließ Sue sie Bücher auswählen und nach Themen zusammenstellen. Schließlich kannten sie die Bücher am besten. Sue ließ sie keine Stühle mehr aufstellen, sondern anderen Schülern und sogar Lehrern beim Einsatz von Softwareprogrammen helfen. Wiederum kannten sich einige Schüler ausgezeichnet darin aus. Heute wählt das iTeam Bücher aus, unterrichtet in Computerkursen, unterstützt Projekte, die von Lehrern begleitet werden – ähnlich wie fortgeschrittene Studenten Professoren an der Universität unterstützen. Die Erkenntnis besteht darin, dass die Community mit ihrer Expertise der wirkliche Bestand ist, den die Bibliothek anderen Mitgliedern der Gemeinschaft zugutekommen lassen kann.

In Fayetteville, New York, ist die Bibliothek zu derselben Erkenntnis gekommen. Mit jedem Buch oder Kindle, die Mitglieder der Gemeinde ausleihen, mit jeder Veranstaltung, an der sie teilnehmen, bekommen sie drei Fragen gestellt:

1. Was tun Sie gerne?
2. Was ist Ihre Leidenschaft?
3. Sind Sie bereit, darüber zu unterrichten und der Community zugutekommen zu lassen?

Die Bibliothekare sprechen dann diese Mitglieder an und unterstützen sie dabei, neue Schulungen aufzubauen. Beispielsweise stellte eine Grundschullehrerin Baukästen mit Materialen zum Erwerb von Lesekompetenz für Kleinkinder unter Anleitung ihrer Eltern oder Großeltern zusammen. In jedem Bausatz befanden sich ein Pappbuch, ein Unterrichtsplan und ein Spielzeug, das den Kleinkindern helfen sollte, Konzepte und Handlungen mit Wörtern zu verbinden. Ein Wissenschaftler erstellte Baukästen mit Oszilloskopen und Teleskopen. Im FabLab stehen programmierbare Nähmaschinen. Die Bibliothekare wissen nicht, wie man sie bedient, aber regelmäßig kommen Näherinnen, um die Maschinen zu nutzen und anderen Mitgliedern der Community das Nähen beizubringen.

Die British Library hat ihren Lesesaal für Wirtschaftswissenschaften durch ein Gründerzentrum ersetzt, in dem man lernen kann, wie man ein Unternehmen gründet.[100] Man kann in Datenbanken suchen und Bücher ausleihen, aber man kann auch Mentoren, Steuerberater und Experten für kleine Unternehmen konsultieren. Die gesamte Etage der Bibliothek ist jetzt ein Ort zum Arbeiten, Treffen und Lernen. Während die Bibliothek früher ein Ort war, an dem Bibliothekare ihre Arbeit verrichteten und ihre Dienstleistungen anboten, ist sie jetzt ein Ort, an dem sich die Mitglieder einer Community gegenseitig Dienste zur Verfügung stellen.

All dies hat mit der Schlüsselrolle des Lernens als Aufgabe der Bibliothek zu tun. Bibliothekare sind keine Lehrer, und Mitglieder sind keine Schüler. Mitglieder der Community und Bibliothekare lernen ständig miteinander. Jedermann in der Community kann etwas zur Verfügung stellen. Wie kann die Bibliothek dieses Potential freisetzen? Natürlich sind unsere Bibliotheken mit den Veröffentlichungen großer Gelehrter und Künstler angefüllt. Aber auch in unseren Communities gibt es eine Fülle von Expertise und Wissen. Die Community bringt die Ideen der Vergangenheit in die Gegenwart. Der Bestand Ihrer Öffentlichen Bibliothek besteht nicht aus den Büchern im Gebäude, sondern aus den Ingenieuren, Schriftstellern, Rechtsanwälten, Bauunternehmern und Träumern in Ihrer Nachbarschaft. Der Bestand Ihrer Hochschulbibliothek schließt die Forscher, musikbegeisterten Studierenden, Gelehrten und Wissenschaftler, die an Fragen zu den Geheimnissen des Universums und der menschlichen Existenz arbeiten, ein.

Was ist Ihre Leidenschaft? Ihre Bibliothek sollte nicht nur Ihre Fragen beantworten, sondern Sie bei der Verfolgung Ihrer Passion begleiten und Sie mit anderen Menschen zusammenbringen, die Ihre Passion teilen.

Bibliotheken als Ort

Der dritte Aktivposten, den der Aspen-Bericht nent, ist der Ort. Viele Bibliothek verstehen darunter einen physischen Raum. Die meisten Bibliotheken stellen aber auch einen Ort, eine Präsenz, im Internet zur Verfügung. Orte sind wichtig, weil sich an ihnen Lernen vollzieht.

100 https://www.youtube.com/user/BIPCTV (Letzter Zugriff am 5. Dezember 2015)

Dieses Konzept wurde bereits im zweiten Kapitel in der Diskussion des „Dritten Ortes" dargestellt und soll hier erweitert werden.

Ich habe Bibliotheken ehrgeizige Einrichtungen genannt. Große und kleine Gemeinschaften bauen Bibliotheken als Baudenkmäler ebenso wie als Funktionsräume. Architekten nutzen Bibliotheken mit viel Marmor und Mahagoni als Vorzeigeobjekte. Das ist in Ordnung. Die Community sollte die physische Bibliothek als Repräsentantin ihrer höchsten Ideale betrachten.

In der Vergangenheit hat dieser Gedanke manchmal ärgerliche Formen angenommen. Bibliotheken können ehrgeizig sein, aber sie müssen trotzdem funktional sein. Was ist mit all den Bibliotheken, die Carnegie vor einem Jahrhundert gebaut hat? Viele wurden aufgegeben oder werden anders genutzt, weil sie zu klein und zu unflexibel für größere Bestände, drahtlose Vernetzung oder neue Dienste sind. Viele Bibliothekare stöhnen, wenn ein Architekt hinzugezogen wird, weil Architekten die Bibliothek als schönes Schaustück für die Community betrachten und nicht als Ort, an dem Arbeit verrichtet wird.

Diese Situation verändert sich gerade. Warum? Die kurze Antwort ist der Hinweis auf eine neue Sichtweise, die in diesem Buch dargelegt wird, und das Moore'sche Gesetz. Der Gründer von Intel, George E. Moore, hat vorhergesagt, dass sich entweder die Anzahl der Speicherzellen auf einem Speicherchip alle zwei Jahre verdoppelt oder sich die Kosten, dieselbe Anzahl an Speicherzellen in dem Chip unterzubringen, alle zwei Jahre halbieren. Das Moore'sche Gesetz – unter diesem Namen wurde diese Theorie bekannt – ist seit über 40 Jahren wirksam. Die Kapazität der Technologie verdoppelt sich alle zwei Jahre, beziehungsweise ihr Preis halbiert sich alle zwei Jahre, wie zahlreiche Studien bestätigt haben. Ein Computer aus dem Jahr 1982 wiegt hundertmal mehr, ist fünfhundertmal größer, kostet etwa zehnmal soviel und arbeitet hundertmal langsamer als das durchschnittliche Smartphone heute.[101]

Welche Auswirkungen hat dieses Konzept – digitale Technologie, die Dinge beschleunigt und zusammenschrumpfen lässt – auf die Bibliothek? Wird das Bibliotheksgebäude kleiner? Natürlich nicht, aber Bibliotheken der Vergangenheit waren Infrastruktur, in der Bibliothekare

---

101 http://en.wikipedia.org/wiki/Moore's_law (Letzter Zugriff am 8. Mai 2012)

ihre Arbeit verrichteten. Heute wird diese Infrastruktur immer kleiner. Enzyklopädien, die im Regal viel Platz brauchten, können heute über einen Computer genutzt werden. Kartenkataloge, die ebenfalls viel Platz gebraucht haben, sind verschwunden, stattdessen können sie über denselben Computer durchsucht werden. Mikrofiches sind ebenfalls als Scans über den Computer verfügbar.

Das Schrumpfen durch Technologie hatte große Auswirkungen – zunächst auf die physische Bibliothek. Büchermagazine können jetzt auf kleinerem Raum untergebracht werden, und Roboter können sie heraussuchen wie in der Joe und Rita Mansueto Bibliothek an der Universität Chicago.[102] Die Bücher und physischen Objekte werden in einem unterirdischen Magazin auf 15 Meter hohen Regalen aufbewahrt und in einen Raum oberhalb einer Glaskuppel gebracht, in der sich die Mitglieder der Community treffen und arbeiten können. Neue Baumaterialien lassen Licht in Bibliotheken fluten und machen sie zu inspirierenden und einladenden Orten.

Dann gab es eine Auswirkung auf die Bibliothekare. Die Bibliothekare können jetzt auch außerhalb des Gebäudes das Erstellen von Wissen ermöglichen. Die meisten ihrer Werkzeuge stehen über Tablet-PC und Smartphones zur Verfügung. Bibliotheken können weltweit Fremdleistungen für die Digitalisierung und die Erstellung von webbasierten Werkzeugen in Anspruch nehmen und angesichts der schnellen Netzverbindungen sogar für das Angebot von Informationsdiensten rund um die Uhr jeden Tag in der Woche.

Jetzt fragen Sie vielleicht wie viele andere auch, ob wir die physische Bibliothek überhaupt noch brauchen. Die Antwort hängt von der Community ab. Während die Bibliothekare immer weniger Raum für ihre Arbeit brauchen, benötigt die Community immer mehr Raum für ihre Aktivitäten.

Erinnern Sie sich an die Zweigstellen der Öffentlichen Bibliothek Dallas? Eins der Gebäude wurde zum Ankerpunkt eines Stadtteil-Entwicklungsprojektes. Als der Planer gefragt wurde, warum dies so sei, erwähnte er ohne zu zögern das Konzept des „Dritten Orts". Er sagte, er könne Orte zum Wohnen bauen, sie mit Orten zum Arbeiten und Einkaufen vermischen, aber er würde einen Ort brauchen, an dem die

---

102 http://mansueto.lib.uchicago.edu/shelving.html (Letzter Zugriff am 8. Mai 2012)

Gemeinschaft zusammenkommen und eine Identität entwickeln kann. Für ihn war das die Bibliothek.

Es geht hierbei nicht nur um Öffentliche Bibliotheken. Universitäten benötigen ebenfalls einen Ort jenseits der Wohnheime und Unterrichtsräume. Studierendenzentren sind gut, aber die meisten Studierenden benutzen die Bibliothek für produktive und soziale Aktivitäten, und Lernen ist eine soziale Aktivität. Viele erfolgreiche Schulbibliothekarinnen können davon berichten, wie die Bibliothek ein Zufluchtsort für unangepasste Schüler ist oder für solche, die einen Ort außerhalb des Sports suchen, an dem sie mit anderen Zeit verbringen können. Firmenbibliotheken mischen häufig ihre Angestellten mit Leuten aus anderen Bereichen und Disziplinen, die die Ressourcen und Dienste der Bibliothek nutzen. Parlamentsbibliotheken wie die Library of Congress schaffen Stipendienprogramme und ermutigen Forscher aus der ganzen Welt, nach Washington zu reisen und mit Regierungsangestellten und Politikern in Kontakt zu treten.

Das Konzept der Bibliothek als Community-Raum ist nicht neu. Ich habe bereits die Bibliothek von Alexandria erwähnt, deren Säulengänge und Räume so gebaut waren, dass maximale Interaktion und Diskussion zwischen den Gelehrten gefördert wurde. Technologie und ein neuer Fokus auf die Gemeinschaft erlauben uns, die Bibliotheken für die Community wieder in Anspruch zu nehmen. Sie sollten von Ihrer Bibliothek erwarten, dass sie ein Gemeinschaftsbereich ist – ein Ort für den Austausch von Ideen und das Erstellen neuer Konzepte.

Dies bringt uns nochmals zu Ihrer Verantwortung zurück. Ein Gebäude alleine kann nichts ausrichten. Eine Gebäudestruktur – unabhängig davon, wie großartig oder wie repräsentativ für die Ästhetik der Community sie ist – reicht nicht aus. Ein schönes Gebäude voller Bücher ist noch lange keine Bibliothek. Engagement der Gemeinschaft und eine Gruppe passionierter Förderer ist erforderlich, um eine Gebäudestruktur in Wissen und eine Wissensgemeinschaft zu transformieren. Glücklicherweise gibt es diese Förderer, wir nennen sie Bibliothekare.

7

Bibliothekare: Erwarten Sie Billanz

Sie haben es vielleicht nicht gemerkt, aber in meinem Buch habe ich mich einer semantischen Lüge bedient. Ich habe darüber gesprochen, was Bibliotheken tun oder nicht tun, was sie tun sollten oder nicht tun sollten. In Wahrheit können Bibliotheken gar nichts tun, sie sind Gebäude oder Räume. Das Beste, was sich über sie sagen lässt, ist, dass Bibliotheken Sie gegen Regen schützen und Bedeutung ausstrahlen. Selbst das umfassendere Konzept einer Bibliothek als einer abstrakten Organisation beruht auf Einbildung. Die Arbeit und der Einfluss von Bibliotheken ist das Resultat von Menschen. Zu diesen gehören Semiprofessionelle, Freiwillige, Mitglieder des Aufsichtsrates, Reinigungskräfte und Sicherheitsleute. Aber ihre Arbeit und das, was sie bewirken, sind das direkte Ergebnis der Arbeit von Bibliothekaren.

Es gibt drei grundlegende Wege, Bibliothekar zu werden: Sie werden als Bibliothekar angestellt, Sie werden zu einem Bibliothekar ausgebildet oder Sie wachsen in den Beruf hinein. Der erste Weg ist der leichteste und oft der am wenigsten geeignete. Der zweite Weg ist der übliche und ist häufig staatlich vorgeschrieben und wahrscheinlich der effektivste. Der dritte ist ziemlich selten und kann unglaublich kraftvoll sein, Lassen Sie uns diese Wege im Einzelnen erörtern und über ihre möglichen Vorteile und Nachteile sprechen und auch ein wenig davon, was wir von jedem verlangen können.

Bibliothekar durch Anstellung

Im ländlichen Vermont erwerben sehr wenige Menschen einen akademischen Abschluss, um Bibliothekar zu werden. Das Geld, das sie für die Studiengebühren aufbringen müssen, würde nie durch das Einkommen hereingeholt, das sie später erhielten, nicht einmal als Direktor einer Bibliothek.

In vielen ländlichen Gemeinden des Südwestens arbeitet eine größere Zahl von Bibliotheksdirektoren in Teilzeit. Es gibt dort eine große Zahl von Menschen, die als Bibliothekare arbeiten, die keine formale Ausbildung auf dem Gebiet des Bibliothekswesens erhalten haben.

Das gilt nicht nur für ländliche öffentliche Bibliotheken. Zu den Bibliothekaren der Library of Congress gehörten Historiker, Gelehrte, Autoren und sogar ein Journalist. Tatsächlich waren über Jahrhunderte Professoren und Geisteswissenschaftler Direktoren der Bibliotheken in Colleges und Universitäten.

Es gibt mehrere Vorteile, nicht professionelle Bibliothekare anzustellen. Diese bringen neue Perspektiven in die Bibliothek. Ihr Gehalt ist meist niedriger. Sie können über stärkere Verbindungen zur Community verfügen als jemand, der von außen kommt.

Andererseits gibt es schwerwiegende Nachteile, wenn man Bibliothekare einstellt, die dafür nicht ausgebildet wurden. Sie verfügen nicht über die spezifischen Kenntnisse, um die Arbeiten in der Bibliothek zu erleichtern. Das kann sich auf so grundlegende Fähigkeiten wie die Organisation der Bibliotheksressourcen beziehen oder auf so komplexe Anforderungen wie das Stellung der Bibliothek in einen größeren Kontext als Teil ihrer Communities oder als Teil einer umfassenderen Wissensinfrastruktur. Viele Bibliothekare, die Bibliothekar durch ihre Anstellung wurden, sehen auf das Bibliothekswesen mit einem auf Gebäude- und Bücher-zentrierten Blick.

Der Schlüssel, ein erfolgreicher Bibliothekar kraft Einstellung zu werden, besteht in der eigenen Hingabe und erfahrenen Unterstützung für Weiterbildung und Training. Länder wie Illinois[103] und Maine[104] verfügen über aktive Landesbibliotheken, die die Ausbildung von Bibliothekaren zu einem Teil ihrer Mission gemacht haben. Diese Landesbibliotheken organisieren Workshops, Online-Trainingskurse und sogar Exkursionen zu Bibliotheken, um Bibliothekaren zu helfen, ihre Arbeit zu tun. Sie sollten von den Mitarbeitern Ihrer Bibliothek erwarten – unabhängig davon, über welchen Bildungshintergrund sie verfügen –, dass sie kontinuierlich an Schulungen und Weiterbildungen teilnehmen. Das bedeutet auch, dass man ihre Reisekosten erstattet und sie für die Zeit der Bildungsmaßnahmen von der Arbeit freistellt.

103 webjunction illinois ilead u (Letzter Zugriff am 5. Dezember 2015)
104 state of maine library genealogy (Letzter Zugriff am 5. Dezember 2015)

Bibliothekar mit akademischem Abschluss

Der Standard zur Vorbereitung auf den Beruf eines Bibliothekars ist ein Master-Abschluss in Bibliotheks- und Informationswissenschaft. In den Vereinigten Staaten und Kanada werden diese Studiengänge durch die American Library Association akkreditiert, und während ich dies schreibe, gibt es etwa sechzig solcher Studiengänge in Nordamerika. (Um die Wahrheit zu sagen, ich arbeite in einem von ihnen). Wahrscheinlich lautet die häufigste Frage, die Studenten gestellt wird, die an einem solchen Kurs in Bibliothekswissenschaft teilnehmen: *„Dafür brauchen Sie einen Master-Abschluss?"*

Ich hoffe, das ist nicht Ihre Frage, wenn Sie in meinem Buch bis hierhin gekommen sind, dennoch verstehe ich, warum Menschen diese Frage stellen. Immerhin besteht ein großer Teil der Arbeit der Bibliothekare darin, bestimmte Dinge für ihren Kunden so einfach wie möglich zu machen, so dass sie die Communities nicht wissen lassen, wie eine Bibliothek funktioniert. Wir werden in diesem Kapitel stärker herausarbeiten, was wir von Bibliothekaren erwarten. Zuvor lassen Sie mich über die Fähigkeiten sprechen, die die Bibliothekare über eine wissenschaftliche Ausbildung gewinnen.

Gemäß der American Library Association sollten Bibliothekare mit einem akademischen Abschluss Experten nach einem Curriculum geworden sein, zu dem gehören sollte:

„Erfassung von aufzeichenbaren Informationen und Wissen sowie der Dienste und Technologien, die ihr Management und ihre Nutzung erleichtern. Das Studium der Bibliotheks- und Informationswissenschaft umfasst Informations- und Wissensgenerierung, Kommunikation, Identifizierung, Auswahl, Erwerbung, Organisation und Beschreibung, Speicherung und Retrieval, Konservierung, Analyse, Interpretation, Evaluierung, Synthese, Verbreitung und Management".[105]

Während ihrer Studien werden die Bibliothekare in weiten Bereichen mit Fähigkeiten ausgestattet, die sich zunehmend, wie sich herausgestellt hat, auch außerhalb vom Bibliotheken, beispielsweise für Google und andere Fortune-500-Unternehmen, als nützlich herausstellen. Aka-

---

105 American Library Association, Office for Accreditation (2008). Standards for accreditation of master's programs in library & information studies. Retrieved from http://www.ala.org/accreditedprograms/sites/ala.org.accreditedprograms/files/content/standards/standards_2008.pdf

demisch ausgebildete Bibliothekare arbeiten sicherlich in Bibliotheken, aber sie arbeiten auch als Entwickler von Informationssystemen, in der Competitive Intelligence und sogar als Vizepräsident und Direktor des Hypothekendienstes bei JP Morgan Chase.[106] Hunderte von Bibliothekaren sind bei Verlagen und Datenbankproduzenten eingestellt, deren Produkte in der gesamten akademischen Welt genutzt werden.

Bibliothekare nutzen ihre Ausbildung und ihre Fähigkeiten, um die Bedürfnisse ihrer Community zu identifizieren und Systeme mit einem Zugriff auf Ressourcen zu entwickeln, die die Fragen der Community beantworten (und ihre Wünsche erfüllen). Das kann bedeuten, dass sie Systeme aufbauen, um Dokumente zu klassifizieren oder Webseiten im Netz zu verlinken. Was den meisten Menschen nicht klar ist: Als Tim Berners-Lee das World Wide Web erfand, versuchte er ein Bibliotheksproblem lösen – wie zitierte Aufsätze in der Physik in einer elektronischen Umwelt wiederzufinden sind. Bibliothekare sind letztlich Entwickler von Instrumenten.

Ist der akademische Grad von Bedeutung? Erinnern Sie sich an unsere Diskussion über Schulbibliothekare und Testnoten in Kapitel 4. Studien über Studien belegen, dass die Arbeit eines akademisch ausgebildeten Bibliothekars an einer Schule einen direkten und positiven Einfluss auf Prüfungsergebnisse und Gedächtnisleistungen der Schüler hat. Diese Ergebnisse bleiben stabil, auch nachdem Faktoren wie Raum, Bestand, Demographie usw. kontrolliert wurden. Es war der gebildete und zertifizierte Bibliothekar, nicht die Bibliothek, der die Schulen besser gemacht hat.

Bibliothekare mit einem Abschluss können ihre Arbeit sofort antreten, sie kennen sich in ihrem Berufsfeld sehr gut aus und verfügen über unmittelbar nützliche Fähigkeiten. Sie sind Experten nicht nur für das tägliche Funktionieren einer bestimmten Bibliothek, sondern besitzen breit einsetzbare Fähigkeiten und einen weltoffenen Blick, um Communities in herausfordernden Zeiten zu helfen.

Freilich können Ausbildungsstätten für Bibliothekare ihre Absolventen auch mit einer Buch- und Gebäude-Mentalität ausstatten, die ihre Sichtweisen begrenzen. Eine der größten Gefahren für Bibliothekare mit akademischen Abschluss ist das, was ich den Irrgarten des Dädalus

---

106 http://www.syr.edu/trustees/inductees/larsen.html (Letzter Zugriff am 7. Mai 2012)

nenne. Sie erinnern sich, Dädalus war dieser unglaubliche Ingenieur aus der griechischen Mythologie, der einen Irrgarten baute, der so komplex war, dass er selbst nicht mehr herausfand. Bibliothekare haben in ihrer 3000-jährigen Geschichte gleichfalls unglaubliche Instrumente erfunden. Sie haben Werkzeuge wie Klassifizierungssysteme genutzt, um große Bestände mit Millionen Dokumenten aufzubauen. Manche Bibliotheken haben diese Werkzeuge genutzt, um sich über die Jahrhunderte zu erhalten. Die Bodleian Library in Oxford zum Beispiel öffnete ihre Tore 1602.[107] Aber diese Ordnungssysteme wurden auch genutzt, um Irrgärten für Spezialisierungen und Untergruppen innerhalb des Berufsfeldes zu schaffen. Das Problem besteht darin, dass diese Werkzeuge auf einem bestimmten wissenschaftlichen und gedanklichen Ansatz beruhen, der Reduktionismus genannt wird.

Reduktionismus bedeutet: Sie nehmen etwas Großes und Komplexes und zerlegen es in kleine und immer kleinere Teile, bis Sie die einzelnen Teile verstehen. Danach fügen Sie all diese kleinen Teile zusammen und verstehen das Ganze. Das ist, warum ein Teilchenbeschleuniger existiert – nehmen Sie ein Atom und brechen Sie es herunter, bis Sie sein allerkleinstes Teil gefunden haben. Ähnlich können sich Bibliothekare die Welt nehmen und in immer kleinere und kleinere Bestandteile herunterbrechen, bis jemand mit den einzelnen Teilen präzise umgehen kann.

So dachte zum Beispiel Roger Bacon, die Welt der Ideen lasse sich in drei Teile herunterbrechen: Gedächtnis (Stoff über die Geschichte), Vernunft (Materialien der Philosophie) und Phantasie (alles über die Künste). Dieses System wurde später von Jefferson übernommen, als er seine umfangreiche Büchersammlung ordnen wollte. Diese verkaufte er später dem Congress der Vereinigten Staaten, um die erste Library of Congress zu ersetzen, nachdem die Briten diese niedergebrannt hatten. Samuel Johnson hatte bereits 1732 geglaubt, er benötige lediglich zwei Klassifizierungen, Philologie, das Studium der Worte und anderer Zeichen, und Philosophie, das Studium der Dinge, die mit Worten bezeichnet werden.

Von all den Leuten, die dachten, sie könnten die Welt klassifizieren, werden Sie wahrscheinlich am ehesten Melville Dewey mit Bibliothe-

---

107 http://www.bodleian.ox.ac.uk/bodley/about/history (Letzter Zugriff am 8. Mai 2012)

ken assoziieren. Dewey war ein Bibliothekar und auch ein leidenschaftlicher Befürworter einer Reform der Schreibweisen (so wollte er seinen Namen als Dui geschrieben haben) und einer Reform – nun kommt es – des metrischen Systems. Die Idee dazu kam ihm, wie er später erzählte, als Erleuchtung in der Kirche. Das wurde später das Dewey Decimal System (decimal-metrisch ... Sie sehen den Zusammenhang?)

Dewey glaubte, dass alle Bücher und Materialien der Welt in zehn Kategorien unterteilt werden können:

000 Computerwissenschaft, Information, Allgemeines
100 Philosophie und Psychologie
200 Religion
300 Sozialwissenschaften
400 Sprache
500 Naturwissenschaft (einschließlich Mathematik)
600 Technologie und angewandte Wissenschaft
700 Kunst und Unterhaltung
800 Literatur
900 Geschichte und Geographie

Jede dieser Zahlen kann auf weitere Spezialgebiete heruntergebrochen werden. Während Bücher über Geschichte unter der Klassifikation 900 zu finden sind, würde Afrikanische Geschichte unter den 960ern zu finden sein, und die Geschichte Ägyptens und des Sudans wäre dann 962. Man kann weitere Ziffern nach dem Dezimalpunkt hinzufügen, um noch spezifischere Gebiete zu benennen.

Die Schönheit des Dewey-Systems besteht darin, dass die Nummern die gleichen bleiben, aber Sie können die Begrifflichkeiten ändern, um andere Sprachen (und sogar die Veränderung von Grenzen zwischen Nationalstaaten) zu berücksichtigen. Diese Fähigkeit, eine große Bandbreite von Gebieten und Sprachen abzudecken, plus Deweys exzellente Verkaufsfähigkeiten verhalfen dem System zu seinem internationalen Durchbruch. Welchen Einfluss hatte der Reduktionismus auf die Bibliothekare? Den gleichen, wie er Ihren Arzt beeinflusst hat.

Wenn Sie sich ein Bein brechen, gehen Sie zum Orthopäden, es sei denn, es handele sich um einen Knochen Ihres Fußes, dann gehen Sie zum Podeologen. Wenn Ihr Herz Hilfe braucht, auf zum Kardiologen, aber wenn es operiert werden muss, benötigen Sie einen Herzchirurgen. Sie sehen, was ich meine? Wir haben nicht nur Bibliothekare, sondern Bibliothekare für Öffentliche und wissenschaftliche Bibliotheken. Wir haben wissenschaftliche Referenzbibliothekare und wissenschaftliche Katalogisierungsbibliothekare. Sehen Sie sich die American Library Association an. Sie hat elf große Sektionen (eine für wissenschaftliche Bibliotheken, eine für Öffentliche Bibliotheken, eine für Katalogisierer, eine für Jugendbliothekare usw.). Sie hat auch 18 Büros, die die eigentliche Arbeit machen (eins für Diversität, eins für internationale Beziehungen usw.). Aber warten Sie, es gibt noch mehr. Sie hat zwanzig institutionalisierte Round Tables eingerichtet, ... so was wie eine Abteilung, aber nicht so groß (Geistige Freiheit, Bibliotheksgeschichte, Spiele und Spielen usw.). Dann gibt es noch Kommissionen, Task Forces und spezielle Arbeitsgruppen. Das ist so komplex, dass Sie auf den Jahreskonferenzen ein webbasiertes Programm benötigen, um die Veranstaltungen für Ihre Interessen zu finden.

Warum ist das ein Problem? Weil, wie die Ärzte zu lernen haben, Ihr Herz nicht allein schlägt. Ihr Herz ist Teil eines komplexen Systems. Es kann durch die Arbeit Ihrer Lungen oder eine Krankheit in Mitleidenschaft gezogen werden oder sogar dadurch, wie oft Sie sich die Zähne putzen. Das ist das Problem mit dem Reduktionismus, dass das Leben viel komplexer ist als es universale Systeme wie das Dewey Decimal System sein können. Während ein Buch über Gesundbeten oder homöopathische Arzneimittel in einigen Communities zur Religion gehören, mögen sie in anderen Gemeinschaften als Medizin angesehen werden.

Das ist der Grund, warum Bibliothekare mit oder ohne akademischen Abschluss flexibler werden und ganzheitlicher denken müssen. Ja, sie sollten ihre Werte und ihre Mission hochhalten, aber ihre Werkzeuge und ihre Organisationsformen sollten flexibel sein. In den Natur- und Sozialwissenschaften sehen wir: Wenn Sie ein komplexes System in seine Einzelteile herunterbrechen und es dann wieder zusammenfügen, ist das Ganze größer als die Summe seiner Teile. Eine Community ist nicht einfach eine Menge Leute mit ihren individuellen Bedürfnissen. Eine Gemeinschaft ist ein Set aus Bedürfnissen, Träumen und Fähigkeiten, der je nach Mischung zu neuen Stärken, Schwächen und dynamischen Entwicklungen führt.

Zu oft verfangen sich akademisch ausgebildete Bibliothekare (und die Professoren, die sie unterrichten) in einen reduktionistischen Bezugsrahmen. Zu oft nutzen akademisch ausgebildete Bibliothekare den reduktionistischen Ansatz, um Innovationen oder gute Ideen zu verwerfen oder nicht zur Kenntnis zu nehmen, weil sie außerhalb ihres engen speziellen Bereiches entstanden sind. Sie sollten mehr von Ihnen erwarten.

Bibliothekar im Geist

Die dritte Gruppe von Bibliothekaren besteht aus Menschen, die keinen akademischen Abschluss als Bibliothekar noch den Begriff „Bibliothekar" in ihrem Arbeitstitel haben. Aber sie folgen dennoch eindeutig der gleichen Mission und verfügen über die gleichen Fähigkeiten und Serviceorientierungen wie die Professionals. Menschen wie David Rumsey.

Rumsey machte ein Vermögen als Grundstückmakler und nutzte das Geld, um eine erstaunliche Sammlung von Karten aufzubauen. Er baute sich einen Raum voll mit Karten. Das allein macht Rumsey nicht zu einem Bibliothekar im Geiste. Viele Menschen machten einen guten Job, als sie ihre Sammlungen aufbauten. Was Rumsey so einzigartig macht, war, dass er sein eigenes Geld dafür verwandte, um die Karten zu digitalisieren und sie online zu stellen. Danach entwickelte er ein System aus Werkzeugen, die jedermann gestatteten, sich die Karten anzusehen, sie zu vergleichen und die eigenen Karten zu analysieren. Im Grunde erleichterte Rumsey das Lernen für Kartenliebhaber, College-Studenten, K-12 Studenten und Geographen. Diese Hingabe, nicht einfach Bestände zu sammeln, sondern die Sammlung (und Software und Experten) als Werkzeuge für die Schaffung neuen Wissens einzusetzen, machten ihn zu einem Bibliothekar. Dies wurde sogar durch das Institute of Museum and Library Service (IMLS) anerkannt, der Bundeseinrichtung für die Finanzierung von Bibliotheken und Museen.

Überall in Ihrer Community gibt es diese *Bürger-Bibliothekare.* In Syrakus und Wisconsin und überall im Lande bauen Individuen und Gruppen, die in keiner Weise mit einer Bibliothek verbunden sind, kleine freie Bibliotheken („Little Free Libraries") auf – kleine Bücherboxen. Die Container sind lokal zu nutzen und stehen an Straßenecken und Vorgärten. Die Community wird ermutigt, Bücher sowohl zu nehmen als auch dort zu lassen. Es sind nicht die Bücher, die diese Container zu Bibliotheken machen, es ist die Hingabe einer Gruppe für das Wohl einer Community und für den Wissenserwerb.

Wir kennen jetzt die Wege, wie man Bibliothekar wird. Was genau machen Bibliothekare? Was sollten Sie von einem Bibliothekar erwarten?

Salzburg und einige meiner Lieblingsdinge

Um die Frage zu beantworten, was von einem Bibliothekar erwartet werden sollte, möchte ich Sie nach Salzburg in Österreich mitnehmen. In den Bergen oberhalb dieser malerischen Stadt steht ein Schloss. Dieses Schloss kennen Sie wahrscheinlich, weil es den Film *The Sound of Music* inspirierte, und ein Teil des Filmes wurde am Sitz der Trapp-Familie gedreht. Das Gebäude nennt sich Schloss Leopoldskron und ist jetzt Standort des Salzburg Global Seminars. Das Seminar wurde von drei Harvard-Studenten unmittelbar nach dem Zweiten Weltkrieg gegründet und war als eine Art Trainingsstätte für das künftige Führungspersonal eines neuen Europas vorgesehen. Heute hat das Seminar seine Arbeit auf eine Behandlung weltweiter Zusammenhänge ausgeweitet und bringt Führungspersönlichkeiten aus der ganzen Welt zusammen, um diverse Themenbereiche wie weltweite Regierung, Kultur, Bildung und Finanzen zu erörtern.

Am 19. Oktober 2011 kam eine Gruppe von Innovatoren aus Bibliotheken und Museen aus 31 Ländern in Salzburg zusammen, um das Thema *Bibliotheken und Museen im Zeitalter partizipatorischer Kultur (Libraries and Museums in an Era of Participartory Culture)*[108] zu disku-

---

108 Mack, D. L. (2011, October 19–23). Libraries and museums in an era of participatory culture. Session 482 Report, Salzburg Global Seminar in partnership with Institute of Museum and Library Services. Retrieved from http://www.imls.gov/assets/1/AssetManager/SGS_Report_2012.pdf

tieren. Ich hatte das Glück, eingeladen zu sein. In Vollversammlungen und intensiven Arbeitskreissitzungen entwickelten die Seminarteilnehmer eine Reihe von Empfehlungen und Strategien für Bibliotheken und Museen im Zeitalter von Facebook.

Eine dieser Gruppen hatte die Aufgabe, Empfehlungen für die fachliche Qualifizierung für Bibliothekare und Museumsfachleute in der heutigen vernetzten Welt globaler Teilhabe zu erarbeiten. Anstatt sich ausschließlich auf neue fachliche und separate Qualifikationen für Bibliothekare und Museumsfachleute zu konzentrieren, entwickelte die Gruppe einen Bezugsrahmen für ein umfassendes gemeinsames Bibliotheks-/Museums-Curriculum. Letzten Endes konzentrierte sich die Gruppe darauf, was Bibliothekare und Museumsfachleute wissen müssen, und realisierten dabei, dass in einer partizipatorischen Kultur sowohl neue als auch traditionelle Fähigkeiten benötigt werden.

Vieles von diesem Curriculum würde Sie nicht überraschen, sogar bevor Sie dieses Buch gelesen haben

Bibliothekare (darauf konzentriere ich mich) müssen die Technologie kennen. Im Besonderen sollten Sie erwarten, dass Ihre Bibliothekare

• sich in Fragen der Technik engagieren und mit den Fortschritten der Technologie selbst weiterentwickeln,
• mit ihrer Community in allen Altersgruppen die technischen Entwicklungen teilen,
• eine effektive virtuelle Präsenz schaffen und aufrechterhalten und
• Technologie für Crowdsourcing einsetzen und die Community für eine kollaborative Zusammenarbeit in der Außenkommunikation gewinnen (also keine statische Website ähnlich wie eine Broschüre, vielmehr eine Website entwickeln, die die Community selbst nutzen und mitgestalten kann).

Bibliothekare sollten in der Betriebsführung ausgebildet sein. Dies schließt alle inventarischen Fähigkeiten, über die wir an anderer Stelle gesprochen haben, wie die Katalogisierung, Konservierung von alten Erinnerungen und weitere Materialien für kommende Generationen und – soweit nötig – der Aufbau von Beständen mit ein. Dies beschränkt sich jedoch nicht nur auf Bücher und Regale (oder im Falle von Museen auf Mumien in Glaskästen). Das bedeutet auch, alle Bestände zu schützen, die für den regelmäßigen Gebrauch vorgesehen sind.

Ich habe an anderer Stelle über Vorurteile gegen Bibliotheken gesprochen, die mehr ausleihen als nur Bücher und DVDs. Es gibt Öffentliche Bibliotheken, die Angelruten ausleihen, und Bibliotheken, die das gleiche mit Marionetten tun. Im FabLab in Fayetteville leihen die Bibliothekare Kameras und Material zur Anfertigung von Büchern aus. In Brooklyn besitzen sie eine Druckpresse, die on demand gebundene Bücher fertigstellt, die von Mitgliedern ihrer Community geschrieben wurden. In Afrika leihen sie zeremonielle Masken aus. Am Onondaga Community College können sich die Klassen für Anatomie Modelle von Körperteilen und sezierte Katzen ausleihen. Mein Punkt ist hier, dass Sie von Ihren Bibliothekaren erwarten sollten, lebendige Bestände aufzubauen, die die Community braucht und den Zugang zu diesen Ressourcen für die gesamte Community zu garantieren.

Weitere Fachkenntnisse, die das Salzburger Curriculum vorsah, gehören in den kulturellen Bereich. Sie sollten erwarten, dass Bibliothekare gute Kommunikatoren sind und nicht die scheuen Graue-Maus-ähnlichen Mauerblümchen aus den Stereotypen über Bibliothekare. Bibliothekare sollten in der Lage sein, aktiv mit allen Teilen ihrer Community Kontakt aufzunehmen, die sozialen Besonderheiten einzelner Gruppen zu verstehen und die Gegensätze zwischen Klassen und Schichten zu überbrücken.

Es wäre zu einfach, dies zu lesen und zu denken, das treffe nur auf Öffentliche Bibliotheken zu. Als ein Mitglied von Akademia muss ich Ihnen jedoch sagen, dass es auch innerhalb der Bildungseinrichtungen für höhere Abschlüsse viele kulturelle Gräben gibt. Wenn man zunächst zu den wissenschaftlichen Mitarbeitern, dann mit den Studenten und am Ende mit der Verwaltung spricht, muss man womöglich in drei verschiedenen Sprachen reden. In gleicher Weise haben Schulbibliothekare nicht nur die Unterschiede zwischen Lehrer und Schüler zu beachten, sondern auch die zwischen Mathematik-, Musik- und Englischlehrern.

Viel zu lange haben sich zu viele Bibliothekare in ihre Bibliotheken eingesperrt und versucht, ihre eigene Kultur zu schaffen, anstatt sich an die ihrer Community anzupassen. Das mag in Begriffen wie *einen Him-mel für Leser schaffen* oder *Förderung der Atmosphäre für Wissenschaftler* versteckt worden sein. Aber gehen Sie dem nicht auf den Leim, diese Bibliothekare bauen Grenzen auf und überbrücken sie nicht.

Ja, die Arbeit eines Bibliothekars ist spezialisiert und sie ist schwer. Sich durch die wuchernde und widersprüchliche Wissensinfrastruktur zu wühlen, um den richtigen Artikel, den richtigen Experten oder ande-re Ressourcen zu finden, erfordert fachliche Vorbereitung und Hingabe, wie man sie in anderen hoch angesiedelten Informationsberufen findet. Und wie die anderen Berufe hat das Bibliothekswesen eine besondere Fachsprache entwickelt. Für jedes Stückchen Technologie-Gebabbel aus Silicon Valley kann ein Bibliothekar eine entsprechende Bezeichnung aus einer scheinbar inkohärenten Bibliotheksterminologie finden. Für jedes Retina Display Tablet gibt es ein Marc Record, das auf eine Nor-mendatei für den Bestandsnachweis verweist.

Fähig zu sein, eingemauerte Gärten mit einer Unzahl an Quellen aufzuschließen und die Informationen in ein vollständiges und ver-ständliches Ganzes zu weben, ist eines der wertvollsten Kompetenzen in der Wissensökonomie. Damit will ich sagen, dass ein Teil dieser Arbeit darin besteht, Resultate leicht verständlich und anwendbar zu machen, nicht darin, die Mitglieder der Community in kleine Bibliothekare zu verwandeln. Sie sollten von Ihrem Bibliothekar erwarten, dass er Ihre Sprache spricht, und der Bibliothekar sollte von Ihnen erwarten, dass Sie seine Arbeit als wertvoll respektieren.

Das Salzburger Curriculum legte ein weiteres Set professioneller An-forderungen rund um Wissen und Lernen fest. Sie sollten von Ihrem Bibliothekar erwarten, dass er ein erfolgreicher Trainer ist, und versteht, wie Sie Informationen suchen, wie Sie neues Wissen verknüpfen und wie Sie schließlich dieses neue Wissen innerhalb der Community ver-breiten.

Sie sollten von Ihrem Bibliothekar erwarten, dass er in der Lage ist, die Bibliotheksarbeit professionell zu managen. Dieses schließt Finan-zierungsfragen ebenso wie die Fähigkeit ein, Projekte und Dienstleis-tungen auf Dauer zu sichern und dies alles aus einer ethischen Haltung. Ein Bibliothekar sollte als Professional in der Lage sein, die Wirkungen der Bibliotheksdienstleistungen einzuschätzen und die Bedeutung der

Bibliothek für die Community zu kommunizieren. Man kann heute nicht mehr einfach voraussetzen, dass die Bibliothek etwas allgemein Gutes ist. Wie hilft die Bibliothek, die Bedürfnisse und Wünsche der Community zu erfüllen – und dies ganz konkret?

Diese Kompetenzen sind keine radikalen Abweichungen von dem, worauf wir künftige Bibliotheken über die Jahrzehnte vorbereitet haben – zumindest oberflächlich gesehen. Es gab jedoch ein Set an Fähigkeiten in dem Salzburger Curriculum, die neu sind. Bibliothekare müssen zu einem „Transformative Social Engagement", also zu einer Entwicklung ihrer Communities, befähigt werden.

Eine Community sollte ein besserer Ort werden, weil es eine Bibliothek beherbergt. Besser zu werden bedeutet Wandel – von dem, wie es ist, zu etwas Besserem. Die Bibliothek und der Bibliothekar sollten ihrer Community Wert hinzufügen. Wenn Sie einen Wert hinzufügen, dann ändern Sie etwas. Die Quintessenz lautet, dass ein Bibliothekar seine Community in einem kontinuierlichen Prozess des Wandels begleiten sollte. Lesen Sie nochmal die Diskussion um die Bibliothekare in Kampfstiefeln in Kapital 5 („Die Gesellschaft verbessern"). Wir wissen, dass Wandel nicht allein Sache des Bibliothekars ist, der eine Vision des Wandels umzusetzen sucht. Das bedeutet auch, dass der Bibliothekar mit seiner Community zusammenwirkt, um den Wandel zu fördern.

Wie engagieren sich Bibliothekare aktiv und in manchen Fällen proaktiv für den Wandel? Sie müssen in der Lage sein, die Bedürfnisse ihrer Community zu identifizieren. Sie müssen fähig sein, der Community zu helfen, sich rund um ihre Wünsche zu organisieren, und die Wünsche aus der Sicht der Agenda einer größeren Community (zum Beispiel wirtschaftliche Entwicklung) zu verstehen. Sie müssen fähig sein, Partizipation in der Community zu fördern. Bibliothekare sollten in der Kunst der Verhandlungsführung und des Konfliktmanagements erfahren sein. Sie müssen der Community helfen zu verstehen, dass ihre Initiativen aufrechterhalten werden können.

Viel zu lange haben die Bibliothekare ihren Service darin gesehen, für einen Service bereit zu stehen. Sie sollten von ihnen erwarten, dass sie eines verstehen: Niemand veränderte die Welt, indem er sich bereit hielt.

Bibliothekare, die vieles ermöglichen

Bibliothekare besitzen also Fähigkeiten in den Bereichen Technologie, Betriebswirtschaft, Umgang mit anderen Menschen und Entwicklung ihrer Communities. Sie setzen ihre Fähigkeiten für ihre Mission ein, die Gesellschaft zu ändern, indem sie das Generieren neuen Wissens in ihren Communities fördern. Doch es gibt eine komische Sache zu diesem Mission Statement. Ich habe dieses Statement in einem Buch für Bibliothekare entwickelt, das sich *Atlas of New Librarianship* nennt. Aber ich habe mit Verlegern gesprochen, die sagten, *Das ist meine Mission*. Und es gab Journalisten, die sagten, *Das ist meine Mission*. Und ich hörte es auch von Ausbildern und sogar Verwaltungsbeamten. Und hier kommt es: Sie haben alle Recht.

Mehr und mehr ringen alle Informationsfachleute mit einer sich immer stärker vernetzenden Gesellschaft, in der Information reichlich vorhanden ist. Immer mehr Berufe beginnen die Bedeutung sozialer Interaktionen und die Komplexität einer Community zu verstehen. Daher finden sich viele Berufe in einer wachsenden und manchmal irritierenden Nähe zu anderen Berufen.

Manche Bibliothekare sehen diese neu gefundene Nähe zu anderen Berufen als eine Bedrohung. Diese Bibliothekare ziehen sich zurück, wie sie es in ihrer Geschichte getan haben, sie suchen eine Art sichere Grenze. Es entsteht ein richtiges Problem, wenn Sie Ihren Beruf nach Funktionen und Werkzeugen und weniger nach Wirkungen und Mission definieren. Wenn Sie beginnen, sich selbst zu definieren, indem Sie beschreiben, was Sie tun, werden neue Wege zu einer Bedrohung. Oder schlimmer, jeder, der die gleichen Dinge macht, wird zum Konkurrenten. Google wird zu einer Bedrohung, weil es beim Indexieren der Welt keine Katologisierungsregeln anwendet. Daher versuchen einige Bibliothekare, Google abzutun. Amazon wird zum Wettbewerber, weil es Bücher verfügbar macht. Noch schlimmer, es borgt den Leuten sogar Bücher für ihre Kindles aus.

Und wie sieht die Antwort auf diese so genannten Bedrohungen aus? Haben die Bibliothekare ein neues Google gebaut oder ihre eigene eBook-Plattform? Nein, sie haben stattdessen Google und Amazon übernommen, weil sich herausstellte, dass ihre Werkzeuge funktionieren. Da macht es nichts, dass Google die größte Anzeigenagentur der

Welt geworden ist, und Amazon heute in der Lage, Ihr bisheriges Leseverhalten herauszufinden. Falls Bibliothekare und die Communities, die sie unterstützen, die Welt durch die Brillen von Funktionen sehen und überall Drohungen und Wettbewerb erblicken, dann gewinnen Bibliothekare keine neuen Player als Partner, noch arbeiten sie effektiv daran, ihre Werte in ihren Dienstleistungen zu realisieren. Zu viele Bibliothekare sehen, was funktioniert, und nutzen das Werkzeug in Unwissen darüber, was die Kosten für sie selbst und für jene sind, denen sie dienen.

Bitte missverstehen Sie mich nicht: Ich nutze Google und Amazon. Ich nutze Facebook und Twitter. Ihre Werkzeuge sind für Bibliothekare und ihre Communities sehr wertvoll. Jedoch könnten alle diese Dienstleistungen durch Partnerschaften mit Bibliotheken besser gemacht werden. Bibliothekare könnten in solchen Partnerschaften neue Wege kennenlernen, Informationen zu entdecken und Inhalte zu verpacken, während die neuen Partner aus einer 3.000-jährigen Geschichte der Bibliotheken lernen können, was Engagement für eine Community und ein gut fundiertes Wertesystem bedeutet. Das wird allerdings nur eintreten, wenn Bibliothekare für eine echte Partnerschaft offen sind und als wertvolle Verbündete gesehen werden. Falls Bibliothekare stattdessen als isoliert betrachtet werden und in Funktionen der Vergangenheit steckengeblieben sind, wozu braucht man solche Partner?

Ähnliches trifft für Berufe wie Ausbildung und Journalismus zu. In einigen Gemeinden haben die lokalen Zeitungen und öffentlichen Bibliotheken eine Art Zusammenschluss praktiziert. Journalisten lernen von Bibliothekaren, wie man die Community einlädt, bei der Generierung aktueller Nachrichten mitzuwirken.

Immer mehr Lehrer wenden Frage-und-Antwort-Verfahren beim Lernen an. Viele Verleger beginnen das Konzept aufzugeben, die Beiträge nach Qualitätsmaßstäben zu filtern, und suchen stattdessen Gespräche unter ihren Lesern zu entfachen. Obgleich ich hier nicht näher darauf eingehen kann, eine Wissenschaft der Förderung von Communities ist im Entstehen begriffen. Diese hat das Potenzial, die Wissensberufe und die Wissensinfrastruktur Ihrer Community radikal zu verändern. Sie sollten von Ihren Bibliothekaren erwarten, dass sie auf diesem Wege vorangehen und Wissensteams mit Mitspielern aus unterschiedlichen Bereichen aufbauen, um die Bedürfnisse Ihrer Community zu erfüllen.

Die mögliche Kraft einer solchen Allianz aus Mitgliedern einander ergänzender Berufe lässt sich in einem Konzept wie „Verleger der Community" zusammenfassen und in den ländlichen Hügeln Vermonts beobachten. Ich hatte erwähnt, dass Vermont sich vernetzt hat und den Bibliotheken im ländlichen Raum Internet mit hoher Bandbreite verfügbar gemacht hat. Hier wird die Geschichte weitererzählt.

Die Landesbibliothek suchte die ländlichen Bibliotheken zu überzeugen, für diesen Zugang zu zahlen. Die Kosten betrugen lediglich etwa hundert Dollar im Monat und das für ein sehr schnelles Internet. Trotzdem war es mehr als das wenige, das die Bibliothekare aktuell zahlten.

Auf dem Starttreffen für das Projekt war einer der Projektpartner vom Widerstand der Bibliotheken etwas frustriert. Daher kam sie auf die Bühne und sagte (in etwa diesen Worten): *Ich glaube, Sie verstehen das nicht richtig. Wir bieten Ihnen eine Dienstleistung an, die Abertausende an Dollar kosten dürfte. Sehen Sie Ihre bisherige Telefonverbindung als einen matschigen Pfad. Wir bringen die Autobahn direkt vor Ihre Tür.* Ich konnte die Augen der Bibliothekare fast größer werden sehen --- vor Schrecken. Ich sah die Visionen von Hunderten von deutschen Autoscheinwerfern, die mit einer Geschwindigkeit von 100 Meilen (160 Kilometer) in der Stunde auf die Bibliothekare zurasten.

Diese Bibliotheken sahen die Internet-Verbindung als einen neuen Buchtyp an. Die ländlichen Gemeinden, für die sie arbeiteten, würden kommen und in der Lage sein, Informationen schneller zu konsumieren. Das war jedoch nicht der Knackpunkt des Projekts. Die schnelle Verbindung kam in die Bibliotheken, aber das sollte erst ein Anfang sein, und es ging nicht wirklich um das schnelle Browsen im Web (obgleich das wirklich sehr schnell vonstatten ging). Die schnellen Verbindungen sollten sich vielmehr auf die lokale Geschäftswelt, Krankenhäuser, Zeitungen und letztlich die privaten Haushalte ausbreiten. Und es war nicht nur dafür da, die Welt in das ländliche Vermont zu bringen, vielmehr auch, Vermont auf die Welt loszulassen.

Bibliotheken konnten nunmehr mit den örtlichen Zeitungen ein Team bilden, um Nachrichten und Veranstaltungsberichte im regionalen Umfeld zu verbreiten. Lokale Schulen konnten Videokonferenzsysteme mit hoher Bildauflösung zur gleichen Zeit gemeinsam nutzen. Wenn sich eine kleine Schule keinen Lehrer für Französisch leisten konnte, mochte eine Klasse aus Schülern von acht Schulen gebildet werden. Lokale Unternehmen konnten jetzt ihre Waren weltweit anbieten, lokale Künstler im gesamten Vermont miteinander kooperieren. Menschen, die sich vom Stadtleben verabschiedeten, um sich auf dem Land niederzulassen, konnten ihre Jobs weiter über Telekommunikation ausüben. So waren die neuen Verbindungen letztlich eine neue Art Druckpresse und was gedruckt wurde, war die Community selbst.

Das ist genau die Mission von Bibliotheken. Ein Team mit Leuten ähnlicher Mission aus Journalismus, Verlagswesen, Bildung und Gesundheit vergrößert die Wirkungen von Bibliotheken und anderen Bereichen. Der Bibliothekar kann ein dicht geknüpftes Netzwerk herstellen, das die gesamte Gemeinde umfasst, wie dies kein anderer kann. Wissenschaftliche Bibliotheken können in gleicher Weise Institute in einem Netzwerk verknüpfen und die Arbeit eines Colleges oder einer Universität in der Welt verbreiten. Schulbibliotheken können Projekte der Schüler und Lehrpläne der Lehrer in der Community verbreiten und Eltern, Regierungsstellen und die Wirtschaft zum Mitmachen am Bildungsprozess einladen.

Sie sollten von ihrem Bibliothekar erwarten, dass er hilft, einen „Verleger der Community" zu formen, nicht in Isolation, sondern gemeinsam mit einer reichen und diversen Gruppe von Teilnehmern.

Fassen wir zusammen: Was einen Bibliothekar ausmacht

Was macht nun einen Bibliothekar aus, wenn es nicht der fachliche Abschluss ist, nicht die Mission, die isoliert formuliert worden ist, noch ein Set von Funktionen? Ich möchte behaupten, dass den Bibliothekar die Schnittmenge von drei Dingen ausmacht: die Mission, die Verfahren, sie umzusetzen, und die Werte, die Bibliotheken in die Community hineintragen. Wir haben die beiden ersten Elemente (die Mission und die Verfahren) bereits abgedeckt, aber was ist mit den Werten?

Bibliothekare verkörpern diese beruflichen Werte: Service, Lernen, Offenheit, intellektuelle Freiheit und Sicherheit sowie intellektuelle Redlichkeit. Das heißt, Bibliothekare suchen zu dienen; sie streben nach einem Service, der zur Entwicklung ihrer Community beiträgt. Sie halten den Wert des Lernens hoch, so dass ihre Wirkungen daran gemessen werden, wie gut andere Wissen erwerben. Bibliothekare schätzen Offenheit, so dass die Mittel, die Bibliothekare einsetzen, um das Lernen zu fördern, nachvollziehbar und transparent sind. Bibliothekare bewerten intellektuelle Freiheit und Sicherheit hoch, weil sich das beste Lernen in der reichsten Wissensumgebung ereignet. Und Bibliothekare schätzen intellektuelle Redlichkeit hoch, so dass dem Lernenden eine redliche Begleitung durch den Prozess des Lernens garantiert wird.

Ich habe bereits einiges zu diesen Werten angesprochen. Jedoch gibt es einen Wert, auf den ich näher eingehen möchte: intellektuelle Redlichkeit. Einige von Ihnen werden bemerkt haben, dass ich Objektivität nicht in die Liste der Werte aufgenommen habe. Das kommt daher, weil wir nicht objektiv sein können. Als Menschen sind unsere Werte, Vorurteile und unsere Sicht auf die Welt in allem enthalten, was wir tun. Die Sprache, die Sie verwenden, die Farbe Ihrer Haut, der Ort, an dem Sie aufgewachsen sind, Ihre Bildung, sie alle nehmen Einfluss darauf, wie Sie die Welt sehen und mit ihr interagieren. Sie sind nicht objektiv. Bibliothekare glauben, dass der Schutz der Privatsphäre von zentraler Bedeutung ist – das ist parteiisch. Bibliothekare glauben, dass mehr Meinungen zu einem Thema besser als wenige sind – das ist parteiisch. Bibliothekare glauben, zumindest hoffe ich das, dass Bibliothekare und Bibliotheken eine vitale Rolle in der Demokratie ausüben – das ist auch parteiisch. Wir können nicht objektiv, aber wir können intellektuell redlich sein.

Nehmen Sie die Wissenschaften. Ich bin ein Informationswissenschaftler. Wissenschaftler haben nicht nur anerkannt, dass wir parteiisch sind, sondern auch Verfahren entwickelt, um einen Bias zu quantifizieren. Und doch sehen Menschen die Wissenschaft als einen legitimen Weg an, um die Welt auf den Prüfstand zu stellen. Warum? Nicht weil Wissenschaftler als Menschen objektiv und neutral sind, sondern weil Wissenschaftler objektiv arbeitende Werkzeuge und eine Ethik intellektueller Redlichkeit entwickelt haben. Als Wissenschaftler erkenne ich an, dass meine Methoden zu Verzerrungen führen mögen, daher gebe ich sie für eine Überprüfung frei. Ich erkenne an, dass meine Interpretation der Daten falsch sein kann, also veröffentliche ich meine Resultate. Die Wissenschaft kennt den Unterschied zwischen Objektivität und Transparenz. Sie sollten von Ihren Bibliothekaren fordern, dass sie diese Unterscheidung übernehmen.

8

Aktionsplan: Erwarten Sie mehr

Ein Sprichwort besagt, man solle keine Truppen aufstellen, ohne ihnen Marschbefehle zu geben. Anders gesagt, für mich ist es in Ordnung, wenn ich Ihnen sage, was erwartet werden sollte, aber ohne einen Schlachtplan, wie wir dorthin kommen, bleibt das eine Trockenübung. Sie mögen sich daran erinnern, dass ich eingangs des Buches sagte, dass schlechte Bibliotheken Sammlungen, gute Bibliotheken Dienstleistungen und großartige Bibliotheken Communities aufbauen. Das ergibt eine ganz gute Struktur für einen Aktionsplan: was zu tun ist, wenn Ihre Bibliothek schlecht, gut oder großartig ist.

Aktionsplan für großartige Bibliotheken

Einige von Ihnen haben bereits Bibliotheken und Bibliothekare, die Ihre Erwartungen übertreffen. Wunderbar. Ihr Schlachtplan ist einfach: Unterstützen Sie sie. Dabei geht es nicht nur um Geld, sondern auch darum, dass Sie Ihre Stimme erheben und an Ihren Träumen teilhaben lassen und dass Sie als Eigentümer die Bibliothek übernehmen. Sie sollten die Botschaft verbreiten, dass Ihre Bibliothek lebt und es ihr gut geht und sie mehr ist, als die Leute erwarten.

Es gibt eine Menge Menschen draußen, die glauben, das Zeitalter der Bibliotheken sei vergangen. Ich sprach mit einem Mitglied des Aufsichtsrates, der seine Bibliothek liebt. aber mir erzählte, dass jedes Mal, wenn er im Gespräch erwähnte, dass er Mitglied des Aufsichtsrates sei, die mitleidige Antwort erhielt: *Ach, du meine Güte, das ist ja schlimm.* Ähnliches passiert mir immer wieder. (Das ist eines der Gründe, warum ich dieses Buch schrieb.) Wenn mich Leute fragen, was ich mache, sage ich: *Ich bin Professor für Bibliothekswissenschaft. Oh,* sagen sie, *ich liebe auch Bücher,* oder manchmal etwas taktloser: *Wir brauchen immer noch Bibliotheken?* Wenn wir unsere Bibliotheken lieben und sie etwas für unsere Bedürfnisse tun, dann sollten wir sie alsbald im Gegenzug unterstützen.

Ich glaube, dass viele dieser wenig hilfreichen Ansichten über Bibliotheken auf frühere Erfahrungen mit Bibliotheken beruhen und bewirkt haben, dass die Latte der Erwartungen so niedrig gesetzt wird. Eli Neuburger sagte einmal, dass Jugendliche meinten, Bibliotheksbesuche würden zu einer Minderung ihres Ansehens führen. Er begegnete Jugendliche, die ihren Blick auf den Boden der Bibliothek hefteten und ihren Eltern erzählen, sie hofften, ihre Peers würden sie nicht in der Bibliothek entdecken. Die Bibliothek war nicht cool, war kein Vergnügen, war nicht hilfreich. Eli und die Ann Arbor District Library änderten dies jedoch. Eli führte ein Gaming-Turnier für Spiele in der Bibliothek ein. Es wurde von den Jugendlichen selbst mit organisiert. Einmal im Monat wetteifern die Teens aus der Region um die ersten Plätze in Spielen wie *Mario Kart* auf Wii.

Eli ging weiter als nur einen Raum und eine Wii zur Verfügung zu stellen. Er kündigte an, eine Eurosport ähnliche Übertragung des Turniers im öffentlichen Fernsehen und im Web zu zeigen. Am Ende des Turniers würde er die Resultate ins Web stellen. Auf einmal kamen die Jungen nicht nur zum Turnier in die Bibliothek, sondern gingen auch auf die Website, um ihren Freunden zu zeigen, wie gut sie gewesen waren. Das Turnier führte dazu, dass Bibliotheksbesuche unter Jugendlichen nicht mehr zu Ansehensverlusten, vielmehr zu Ansehensgewinnen führten. Die Erwartungen der Jugendlichen an die Bibliothek schnellten empor, und die Community scharte sich um die Bibliothek, um sie zu unterstützen.

Warum, nebenbei gefragt, Gaming in der Bibliothek? Weil, wie ein großartiger Bibliothekar Ihnen sagen würde, Spiele von zentraler Bedeutung für das Leben und Lernen von Jugendlichen sind – und darüber hinaus für alles andere. Kinder lernen durch Spielen lesen. Kinder lernen durch Spielen, Probleme zu lösen. College-Studenten studieren, um einen Job in der Spiele-Industrie zu bekommen. Erwachsene nutzen Spiele, um geistig beweglich zu bleiben. Gemeinden im ganzen Land haben Spiele eingesetzt, um die Menschen zusammenzubringen, mit Freunden zu reden, um zu entspannen und zu lernen. Großartige Bibliotheken verstehen das, schlechte Bibliotheken denken: Das ist *Pizza, Pizza, Pizza, Buch!*

Dieser Ausspruch stammt aus einem lustigen Video, das eine Gruppe aus Bibliothekaren zusammengestellt hatte, um College-Studenten in die Bibliothek zu bringen.[109] Sie schufen dieses Video, um deutlich zu machen, dass Lernen nicht auf Bücher beschränkt ist. Wenn Essensmöglichkeiten in der Bibliothek eingeführt werden oder Spiele oder Strickclubs oder Leute MakerBots herstellen, so geschieht das nicht, um die Leute in die Bibliothek zu locken und ihnen Bücher anzudrehen. Vielmehr dienen diese Aktivitäten dem Zweck, das Lernen zu fördern, und nicht, sie in die Bibliothek zu tricksen.

Sie sollten von einer großartigen Bibliothek erwarten, dass sie nach innovativen Wegen sucht, um das Lernen zu fördern. Eine großartige Bibliothek sollte provozieren und die Kommunikation fördern. Die Bibliothekare sollten von Ihnen erwarten, sich an diesen Gesprächen zu beteiligen. Sie sollten von Ihnen Fragen erwarten, warum etwas Teil des Bibliotheksprogramms ist, und Sie sollten erwarten, dass die Bibliothekare Ihnen mehr als nur „Marketing" oder den Spruch: *Wir müssen mit dem gleichziehen, was die anderen Bibliotheken machen* anzubieten haben.

Ganz klar, großartige Bibliotheken benötigen Gelder. Sie können von einer großartigen Bibliothek nicht erwarten, dass sie großartig bleibt, wenn Mitarbeiter entlassen und Bibliothekare durch Verwaltungsbeamte ersetzt werden. Allerdings sollten Sie erwarten, dass eine großartige Bibliothek verdient und rechtfertigt, was sie kostet. Inmitten der Großen Depression beispielsweise wurde der Etat der New York Public Library erhöht. Warum? Weil die Stadt einen großen Wert darin sah, wie sich die Bibliothek bedürftigen Bürgern zuwandte und Dienstleistungen wie Bildung, Umschulungen und eine Reihe sozialer Dienste anbot.

Aktionsplan für schlechte Bibliotheken

Lassen Sie mich eins sehr klar sagen. Was eine Bibliothek schlecht macht, sind nicht ihre Bestände. Schlechte Bibliotheken können über riesige oder kleine Bestände verfügen. Großartige Bibliotheken können

---

109 http://youtu.be/ibi7aTmVA_c (Letzter Zugriff am 8. Dezember 2015)

gleichfalls große oder kleine (oder keine) Bestände besitzen. Jedoch sehen schlechte Bibliotheken den Bestand als die Materialien an, die sie kaufen und verleihen. Großartige Bibliotheken sehen die Community selbst als ihren Bestand. Massenhaft Bücher und Unmengen an Zeitschriftartikeln haben einen fantastischen Wert, aber um wieviel reicher, vielfältiger und kraftvoller ist die Community selbst!

Der wahre Bestand einer Bibliothek liegt in den Großeltern, Lehrern und Schülern. Der Bestand liegt in den Kindern, deren Phantasie durch die Realitäten des Alltags am Arbeitsplatz noch nicht belastet sind. Er liegt auch in den Senioren. Im letzten Jahrhundert ist die Lebenserwartung eines Amerikaners von 47 Jahren auf 77 Jahre gestiegen. Stellen Sie sich dieses weite Meer aus Erfahrungen und ungezügelten Talenten vor, dem nicht an Profit, sondern an Vermächtnis gelegen ist.

In den Schulen befindet sich der wahre Bestand nicht in den Regalen, sondern in den Klassenzimmern: die ehrlichen Anstrengungen der Lernenden, die Weisheit und die Geduld der Lehrer. Die Schulgemeinschaft – von den Kindergärtnerinnen und Kunstlehrern über die Sportler und Trainer bis zu den Verwaltungsangestellten und Eltern – das ist wahrlich ein reicher Bestand.

In Universitäten, wo der Focus auf die Entdeckung neuen Wissens und die Vorbereitung der nächsten Generation auf die Erwerbstätigkeit liegt, ist die gesamte Institution der Bestand. Da gibt es den Wissenschaftler, der die Geheimnisse des Universums ergründet, und der Dozent, der die Studenten mit diesen Geheimnissen vertraut macht. Der Bestand umfasst Alumni, Finanziers und Platzwarte, die alle danach streben, das Wissen der Gesellschaft zu neuen Höhen zu führen.

Welcher Bestand an Büchern und Zeitschriften in einem Unternehmen könnte es mit dem Wissen von Ingenieuren, Anwälten oder Ärzten aufnehmen?

Die Community ist der wahre Bestand und schlechte Bibliotheken sollten viel weniger Zeit mit Bücherbeständen verbringen und viel mehr Zeit, Verbindungen in der Community zu knüpfen. Eine schlechte Bibliothek spricht davon, einen Bestand für die nächste Generation aufzubauen. Eine großartige Bibliothek versteht, dass der Wert ihrer Arbeit darin besteht, dass die Community ihr Erbe anerkennt und sich um ein Vermächtnis bemüht. Schlechte Bibliotheken suchen Verbindungen zwischen Dokumenten aufzubauen, großartige Bibliotheken stellen Verbindungen zwischen Menschen her.

Es ist nicht die Größe oder das Aussehen eines Gebäudes (oder eines Raumes), das eine schlechte Bibliothek ausmacht. Es gibt eine phantastische Bibliothek im Herzen der US-Botschaft in Rom, die aus wenig mehr als ein paar Schreibtischen besteht und doch erfolgreich allen Diplomaten in Italien und weltweit dient. Ich habe mich in wunderschönen Bibliotheksbauten aufgehalten, wo die Architektur den Geist durchdringt und eine Verehrung auslöst, als befände man sich in einem Tempel – doch sie sind nahezu leer, weil die Community nicht einmal weiß, dass sie existieren.

Eine schlechte Bibliothek wird das Gebäude für Entschuldigungen nutzen. Nach ihrer Argumentation würden die Öffentlichkeit, die Studenten und die Professionals die Bibliothek stürmen, wenn es bessere Parkmöglichkeiten oder einen größeren Raum für Bücherregale gäbe. Und das stimmt ja auch. Wochen, nachdem ein neues Bibliotheksgebäude eröffnet worden ist, füllt es sich mit neugierigen Besuchern. Aber letztlich sind es die Dienstleistungen, die Fachkräfte und die Möglichkeiten zur Teilhabe, die die Leute auf Dauer zurückbringt. Sie bauen eine neue Bibliothek, wenn die alte zu klein geworden ist, um den Bedürfnissen der Bürger gerecht zu werden, und nicht, wenn sie zu klein ist, um Materialien unterzubringen.

Ich war im Beirat einer öffentlichen Bibliothek. Die Zentralbibliothek war vor einigen Jahren von einem älteren Carnegie-Gebäude in das Einkaufszentrum in der Innenstadt umgezogen. Das war Teil eines Versuches des Kreises, die Bürger in die Innenstadt zurückzubringen. Zehn Jahre später, als ich Mitglied des Beirates wurde, befand sich das Einkaufszentrum in einem ziemlich schlimmen Zustand und die Zahl der Bibliotheksbesuche ging zurück. Der Direktor, der sein Amt einige Zeit nach dem Umzug angetreten hatte, fuhr fort, über den mangelnden Parkraum zu reden, obwohl die Garage unterhalb des Einkaufszentrums mehr Platz als das alte Carnegie-Gebäude hatte. Der Direktor führte die sinkende Nutzung ferner darauf zurück, dass es keinen direkten Zugang von der Straße zur Bibliothek gab – die Leute mussten in das Einkaufszentrum gehen und einen Fahrstuhl hochfahren, um die Bibliothek zu betreten.

Der stellvertretende Kreisdirektor, der den Umzug bewirkt hatte, hatte genug gehört. Zur nächsten Sitzung des Beirates brachte er Charts in Postergröße mit, die den Anstieg der Bibliotheksnutzung unmittelbar nach dem Umzug zeigten. Dann zeigte er den Rückgang der Bibliotheksdienstleistungen und den sinkenden Etat während der Rezession als ursprünglichen Grund für die rückläufige Nutzung. Er machte klar, dass es zu keiner Erhöhung der Bibliotheksbesuche kam, als sich die Wirtschaft erholt hatte und der neue Bibliotheksdirektor gekommen war. Das war eine Darlegung, die uns betroffen machte, und eine alarmierende Erinnerung daran, dass zu den Erwartungen an eine Bibliothek auch ein besserer Gebrauch von Daten gehören sollte und alte Entschuldigungen zu hinterfragen sind.

Das mag ja alles ganz richtig sein, aber wie wendet man die Dinge zum Besseren? Zunächst sollten Sie sich vor Augen halten, dass die Menschen die Bibliotheken, sogar die schlechten unter ihnen, lieben. Für manche Mitglieder der Community stellt der Gedanke, dass es „schlechte" Bibliotheken gibt, eine Art Angriff dar. Überall werden Bibliotheken zu Tode geliebt. Leute glauben an Bibliotheken, aber sie nutzen sie nicht. Oder sie nutzen sie, aber sie fordern sie nicht auf, besser zu werden, oder sie rechtfertigen sogar ihre Arbeit. Eine große städtische öffentliche Bibliothek, mit der ich zusammenarbeitete, führte über 20.000 Veranstaltungen im Jahr durch. Dazu gehörten Vorlesestunden für Kinder und Lesungen mit weltberühmten Autoren. Warum 20.000? Hätten 10.000 Veranstaltungen die gleiche Wirkung gehabt? Wie viele Menschen zogen Nutzen aus diesen Veranstaltungen? Wie können wir das wissen? Hingen diese Veranstaltungen thematisch zusammen und waren sie mit der Mission der Bibliothek verknüpft?

Als ein Mitglied der Community sollten Sie nach den Worten des Heiligen Paulus *Alles erproben und das Gute behalten.*[110] Irgendetwas in Frage zu stellen, heißt nicht anzunehmen, dass es schlecht sei, es soll vielmehr getestet werden, wie gut es ist. Wir wären entsetzt, wenn wir zum Arzt gingen und er uns mit Blutegeln zur Ader ließe, wenn wir erkältet wären. Werkzeuge ändern sich, Methoden ändern sich, aber die Profession, die Mission und die Wertvorstellungen bleiben. Wenn wir

---

110 1. Thessalonians 5.16–24

fragen, warum eine Bibliothek einen Auskunftsdienst anbietet oder warum der Etat für den Bestandsaufbau erhöht werden soll oder was die Wirkung einer Vorlesestunde war, so müssen diese Fragen erlaubt sein. Großartige Bibliotheken begrüßen diese Fragen, weil sie die Chance bieten, den Wert ihrer Bibliothek aufzuzeigen.

Hier kommt Ihr Schlachtplan, wie aus einer schlechten Bibliothek eine gute gemacht werden kann.

Bilden Sie sich weiter!

Dieses Buch ist kurz. Es wurde für Menschen mit wenig Zeit geschrieben. Ich habe versucht, auf mehr Beispiele und Ideen hinzuweisen als hier vorgestellt werden konnten. Folgen Sie ihnen. Halten Sie Ausschau nach großartigen Bibliotheken, nicht um sie zu nachzuahmen, sondern um sich inspirieren zu lassen. Es gibt großartige Bibliotheken und Bibliothekare dort draußen und das Großartige an ihnen ist, dass – als ein Nebenprodukt ihres Tuns, ein kontinuierliches und nachhaltiges Gesprächs mit ihrer Community aufrechtzuerhalten – vieles davon leicht zu sehen und gut dokumentiert ist.

Spielen Sie!

Wie gesagt, jede Community ist einzigartig und eine großartige Bibliothek übernimmt nicht einfach die Dienstleistung einer anderen, ohne die eigenen lokalen Bedingungen in Rechnung zu stellen. Beachten Sie auch, dass großartige Bibliotheken mit Ideen spielen. Den Mitarbeitern wird Zeit zum Experimentieren gegeben und um neue Ideen auszuprobieren. Einige Bibliotheken veranstalten Surftage, an denen die Mitarbeiter zusammenkommen und im Web surfen und einander zurufen, wenn sie neue Werkzeuge und Links zum Ausprobieren gefunden haben. Sie sollten von Bibliothekaren erwarten, dass sie den neuesten Webservice ausprobieren, und sei es nur, um einen Blick darauf zu werfen. Gute Bibliothekare machen das auch, aber großartige Bibliothekare laden das Publikum ein mitzumachen.

Die DOK-Bibliothek in Delft (Niederlande) ist weltweit berühmt und vielleicht die innovativste aller Bibliotheken. Ihre Bibliothekare stellen regelmäßig ihre Räume für Kunstausstellungen und interaktive technologische Streichelzoos zur Verfügung. Andere Bibliotheken gehen eine Partnerschaft mit Elektronikhändlern wie Best Buy ein, die die neuesten großartigen Spielsachen für Bibliothekare und Mitglieder der Community zum Ausprobieren bereitstellen.

Die Universitätsbibliothek Syracuse führte eine Folge von Veranstaltungen über Tools für den Lehrbetrieb ein, an denen die Mitglieder der Fakultät, Studenten und Bibliothekare tageweise zusammenkamen, um sich neue Verfahren des Lehrens und Bildens anzuschauen. Das waren keine Veranstaltungen mit stundenlangen Vorträgen und Demos. Stattdessen bildeten die Professoren und weiteren Mitarbeiter kleine Gruppen, in denen sie die neuen Techniken ausprobierten und ihre Notizen miteinander teilten. Großartige Bibliothekare scheuen sich auch nicht zu zeigen, dass sie lernen, und lernten sie von einem neun Jahre alten Kind. Und hier kommt ein zentraler Punkt: *Großartige Bibliotheken kommen von großartigen Bibliothekaren.*

Großartige Bibliothekare experimentieren mit neuen Diensten und fürchten sich nicht vor einem raschen Scheitern. Es gibt einen Unterschied zwischen einem Scheitern und einem Fehler. Ein Fehler bedeutet, dass man etwas falsch macht und nichts daraus lernt (so dass man seinen Fehler häufig wiederholt). Beim Scheitern haben Sie etwas noch nicht völlig im Griff, aber Sie erkennen, was Sie das nächste Mal besser machen müssen. Wenn Ihre Bibliothekare nicht versuchen, neue Dinge auszuprobieren und die Grenzen ihrer Handlungsmöglichkeiten auszuweiten, oder sie fürchten sich, etwas auszuprobieren, weil sie scheitern könnten – dann fürchten sie sich vor dem Lernen (oder schlimmer noch, sie sind Opfer eines Managements, das nur den Erfolg und nicht das Lernen belohnt).

Wenn jede Neuheit, die eine Bibliothek ausprobieren möchte, egal wie groß (wie der Start eines Gaming-Wettbewerbs) oder wie klein (Annahme von Lebensmitteldosen anstatt auf Mahngebühren zu bestehen), erst stattfindet, nachdem eine Kommission eingesetzt und ein drei Monate langer Planungszeitraum begonnen wurde, dann töten Sie Innovation und Ihre Bibliothek ist beim Lernen und Spielen nicht dabei.

Benchmarks

Soweit so gut, aber es kommt die Zeit, dass das Spiel zu Ende gehen muss und sich Experimente in zuverlässige Dienste verwandeln müssen. Dafür muss man wissen, was man von dem neuen Service an Erfolgen erwartet. Diese Ergebnisse beruhen auf Übereinkünfte zwischen der Bibliothek und ihrer Community. Braucht ein Dienst eine bestimmte Anzahl von Nutzungen, um sich zu rechtfertigen? Ist es wichtiger, die Reputation der Bibliothek draußen für diesen Dienst zu stärken? Gute harte Auseinandersetzungen führen zu realistischen und authentischen Benchmarks. Diese Benchmarks sollten für die Community nachvollziehbar sein und ihr für eine Überprüfung zur Verfügung stehen.

Berücksichtigen Sie jedoch bitte, dass Benchmark etwas Anderes als Zahlen und Statistiken ist. Benchmarks müssen ausgehandelt werden und Bedeutung haben. Bibliothekare und Community-Mitglieder sollten ein erwünschtes Ergebnis vorgeben und sich dann darauf verständigen, wie die erzielten Erfolge gemessen werden sollen. Das kann eine Zahl sein, beispielsweise die Anzahl der Menschen, die eine Bibliothek aufsuchen. Das kann aber auch eine Sammlung von Geschichten aus der Community sein oder der Konsens von Fokusgruppen oder das Ergebnis einer teilnehmenden Beobachtung der Interaktionen in Bibliotheken und anderen Räumen für die Community. Letzten Endes wissen wir, dass es keine einheitliche Messlatte gibt, um großartige Bibliotheken zu beschreiben. Die Zahl der Bibliotheksbesuche mag ohne Bedeutung sein, wenn die Bibliothek umfassendes Lernen zu Hause fördern will. Das Ausleihen von Dokumenten mag nichts bedeuten, wenn Bibliotheken einen 3D-Drucker, Musikinstrumente oder Webstühle vor Ort verfügbar machen. Großartige Bibliotheken und großartige Communities streben Veränderungen in ihrem Sinn an, nicht nach Zahlen.

Vertrauen Sie Ihrer Erfahrung (aber bleiben Sie offen)!

Sie müssen kein Bibliothekar werden, um den von einem Bibliothekar geschaffenen Wert zu erkennen. Erwarten Sie von Ihren Bibliothekaren, dass Sie den Graben zwischen ihrer Welt und der Ihrigen überbrücken. Es gibt ein altes Sprichwort, das ich gern nutze. Es lautet: *Die Technikfreaks sagen nie „Nein" – stattdessen werfen sie Ihnen technisches Gebabbel ins Gesicht, bis Sie weggehen.* („Gut, ich würde ja die Software auf Ihre Maschine laden, aber dann muss ich eine Ausnahme für den Firewall machen, um die https-Verbindungen durch VPN zu tunneln, um die Code-Signatur zu überprüfen...") Bibliothekare stehen hier den IT-Leuten nicht nach, Acronym für Acronym *(„Gut ich könnte die Schreibweise Ihres Nachnamens in der Marc-Titelaufnahme korrigieren, aber dann muss ich sie durch alle unsere Katalog-Module von ILS verbreiten und zum OCLC senden, um es gegen die Normendatei, die von LC unterhalten wird, abzugleichen...").*

Ich habe Bibliothekare gesehen, die sich gegen jeden Wandel stellen und mit dieser Technik ein wirklich cleveres Mitglied ihres Beirates außer Gefecht setzten. Dieses Mitglied wollte wissen, warum sich die Kochbücher am gleichen Ort wie die Bücher über Wirtschaft befanden. Das war nicht nur merkwürdig, sondern wirklich ärgerlich, da wir uns gerade in der Beratung mit einem Bibliothekar über seinen Business Plan und die Steuernummern befanden, nur um von jemandem unterbrochen zu werden, der nach einem Rezept für einen Zitronenkuchen suchte. Die Antwort, die sie erhielt, lautete, *Sie stehen im Dewey Decimal System zusammen,* was zu jener Zeit stimmte, als die Bücher ins Regal gestellt wurden. Aber warum stehen sie zusammen? Weil Dewey Hauswirtschaft und Kochen als weibliches Äquivalent zu den Geschäften der Männer sah – habe ich erwähnt, dass Dewey ein Frauenfeind war?

Demnach ist dieser Fall erledigt? Nun, nicht wirklich. Auch wenn die Dewey-Zahlen zusammenstehen, das kann nicht bedeuten, dass die Bücher zusammenstehen müssen. Man kann die Kochbücher hinstellen, wo immer man verdammt noch mal will, solange die Leute sie finden. Sogar Dewey würde das gesagt haben.

Sie sind ein Experte für Ihre Bedürfnisse und Sie haben Kenntnisse über Ihre Community gesammelt. Vertrauen Sie darauf. Wenn Ihnen etwas nicht sinnvoll erscheint, fragen Sie. Wenn Sie eine Antwort erhalten, die keinen Sinn macht, fragen Sie wieder (und immer wieder). Bibliotheken sind dazu da, Sie klüger zu machen. Wenn also die Bibliotheken erreichen, dass Sie sich dumm vorkommen, dann stimmt etwas nicht.

So wie der Wert der Bibliotheksleistungen durch Benchmarks rigoros überprüft werden muss, so sollten auch Ihre persönlichen Meinungen offen für andere Ansichten sein. Wie gesagt, Communities sind reiche und vielfältige Orte. Häufig kommt es zu Konflikten zwischen den Wünschen der einen und den Bedürfnissen einer anderen Gruppe. Eine gute Bibliothek vermittelt zwischen diesen Differenzen und findet eine gemeinsame Basis. Nehmen Sie den bereits erwähnten Freegal-Service als Beispiel (Download von MP3-Dateien für den persönlichen Gebrauch auf Kosten der Steuerzahler). Ich kenne viele Bibliotheken, die diesen Dienst anbieten. Sie bieten ihn sogar an, auch wenn sie glauben, dass er nicht den bestmöglichen Wert für die Community bringt. Sie bieten den Dienst an, weil die Community eine informierte Entscheidung fällte. Obgleich der Nutzen für die Community als Ganzes begrenzt sein mag und der Dienst nur einer kleineren Gruppe zugutekommt, zahlt er sich für die Bibliothek durch größere Ressourcen und mehr Unterstützung für andere Bibliotheksdienste aus.

Machen Sie Besuche!

Ich muss immer noch den großartigen Bibliothekar finden, der nicht auch ein bisschen angeben will. Sie sind geborene Lehrer und ihre Serviceethik besagt, wenn sie mit jemandem etwas teilen können, um zu helfen, dann werden sie das tun. Nehmen Sie sich Zeit zum Reisen und sehen Sie sich andere Bibliotheken an. Sammeln Sie Ideen, schauen Sie sich an, was funktioniert, sprechen Sie mit Bibliothekaren und mit Mitgliedern der Community in der Bibliothek. Aber sprechen Sie auf jeden Fall mit den Bibliothekaren. Wenn Ihnen der Besuch mehr bringen soll als ein Gefühl für die Architektur und wie beschäftigt die Leute in der Bibliothek sind, dann fragen Sie nach den Entscheidungen und Prozessen, die zu dieser Bibliothek geführt haben.

Beispielsweise gibt es etwas, was sich einen „Virtuellen Auskunftsdienst" nennt. Sie können den Bibliothekaren über das Web Fragen stellen und diese werden Ihnen in Echtzeit oder per E-Mail helfen, die Antwort zu finden. Vor Jahren war das eine Neuheit in Bibliotheken, so dass Konferenzen darüber stattfanden und ein kollegialer Druck entstand, diese Dienstleistung gleichfalls einzuführen.

Auf einer dieser Konferenzen sprach ich mit einer Bibliothekarin und frage sie, ob ihre Bibliothek virtuelle Auskünfte erteile. Etwas verlegen sagte sie, dass ihre Bibliothek keinen Virtuellen Auskunftsdienst anbiete. Ich bat sie, ihre Bibliothek zu beschreiben. *„Es ist ein kleines Frauen-College im Nordosten. Es ist ein Ort, wo die Studentinnen gegen 9 Uhr abends in ihren Pyjamas aus ihren Zimmern in die Bibliothek gehen, um zu lernen."*

Ich sagte ihr: *Bieten Sie nie virtuelle Auskünfte an.* Das geschah zu einer Zeit, als virtuelle Auskünfte überall als die letzte Weisheit galten. Aber hier sah eine Bibliothekarin über den Druck der Peers hinaus auf die wahren Bedürfnisse ihrer Community.

Ich weiß, dass ich viel von Ihnen verlange, wenn ich Sie bitte, sich intensiv mit Bibliotheken zu befassen. Aber wenn Sie soweit in meinem Buch gekommen sind, sind Sie wahrscheinlich geneigt, mir weiter zu folgen. Und doch, warum sollte man sich damit belasten, herumzufahren und sich andere Bibliotheken anzusehen? Weil zu unserem Menschsein unsere Unfähigkeit gehört zu beschreiben, was wir wollen, ohne uns auf etwas zu beziehen zu können, was wir schon kennen. So kommen wir zu neuem Wissen; wir fügen unsere Entdeckungen unserem bisherigen Wissen hinzu. Je reicher diese Basis, desto reicher das Wissen.

Dies wurde mir durch Cindy Granell, einer Bibliothekarin an einer Grundschule, deutlich gemacht, als sie eloquent darüber sprach, was ihr Schulaufsichtsrat über Bibliotheken an Grundschulen wusste. Dies erzählte sie mir. Das Durchschnittsalter der Mitglieder eines Schulaufsichtsrats in den einzelnen Staaten liegt zwischen 40 und 59 Jahren.[111] Jetzt ist leicht zu errechnen, dass diese Mitglieder die Bibliothek einer Grundschule das letzte Mal in den 80er Jahren des 20. Jahrhunderts besucht haben … also vor dem Web und bevor die meisten einen Personal Computer besaßen (und der Preis für einen PC bei 4.000 Dollar lag). Damals waren Schulbibliotheken Stätten, an denen das zentrale Werkzeug der Bibliothekare die Bücher waren. Heute enthalten die Curricula der Schulbibliotheken unter anderem Internetmobbing, das Finden vertrauenswürdiger Informationen, das Suchen in Datenbanken und

---

111 In Middle Township age is no barrier to leadership(2007, Jan 18 New Jersey's School Board Recognition , 30 (21) retrieved from http://www.njsba.org/sb_notes /20070118/recog.html (Letzter Zugriff am 8. Dezember 2015)

Recherchekompetenzen. Im iPad-Zeitalter, da jeder neue Fernseher mit einer Facebook-App ausgestattet wird, haben die Bibliothekare 18 Stunden im Jahr Zeit (das sind 30 Minuten in der Woche), um den Kindern zu helfen, sowohl gute Leser als auch erfolgreiche Partizipanten in der Wissensinfrastruktur zu werden. Wenn die Aufsichtsratsmitglieder keinen Schritt in die Bibliothek setzen, wie sollten sie das wissen?

Dies ist nicht nur ein Problem für die Schule. Studien über Studien belegen, dass die Nutzung der Informationstechnologie und der Informationsressourcen durch junge Wissenschaftler am meisten durch ihren ersten Mentor oder hauptsächlichen Berater beeinflusst worden ist. Das bedeutet, dass die meisten Wissenschaftler mindestens eine Generation hinter der gegenwärtigen Praxis herhinken. Wenn sie das nicht aktiv zu ändern suchen und sich anschauen, was heute verfügbar ist, wie sollen die jungen Wissenschaftler wissen, wieviel besser sie sein könnten?

Schaffen Sie Foren!

Eines der komischsten (und irgendwie traurigsten) Dinge, die ich in einer Bibliothek gesehen habe, ereignete sich, als die Studenten gegen die Auslagerung von Beständen, die die Universität vorgeschlagen hatte, protestierten. Die Studenten höherer Semester versammelten sich auf dem ersten Stock der Bibliothek, um dort ihre zornige Schreiben über die Bibliothek zu verteilen ... nur hatten sie nicht genügend viele Kopien dabei. So halfen die Bibliothekare, Kopien zu machen. Die Studenten ersuchten um Unterschriften für ihre Petition. Die Bibliothekare schlugen vor, die Petition zusätzlich online zu stellen und zeigten den Studenten, wie das ging. Als die protestierenden Sudenten hungrig wurden, führten die Bibliothekare sie in das Café in der Bibliothek.

Nicht, dass die Bibliothekare bei dem Protest mitgemacht hätten; sie waren überhaupt nicht einverstanden damit. Aber die Bibliothekare wussten um ihre Mission, das Gespräch nicht abzubrechen, sondern zu fördern ... und das machten sie. Um es klar zu sagen, sie machten ihre Position gegenüber den protestierenden Studenten sehr deutlich (der Gemeinschaftsraum, den die Studenten nicht haben wollten, war der gleiche Raum, den sie für ihren Protest nutzten). Aber die Bibliothekare begrüßten die Gespräche und waren Professionals, die ihren Job taten.

Wie interagieren Sie mit Ihrer Bibliothek? Verfügt Ihre Bibliothek über einen Kummerkasten? Was passiert mit den eingegangenen Kommentaren? Wer sieht sie sich an? Nur die Bibliothekare? Hat die Bibliothek Fokusgruppen eingerichtet? Finden öffentliche Sitzungen des Beirates statt und werden die Termine rechtzeitig im voraus bekannt gegeben? Hat die Bibliothek mehrere Beiräte? Es erstaunt mich immer wieder, dass sich Bibliothekare an öffentlichen Bibliotheken wundern, warum nicht mehr Jugendliche in ihre Bibliothek kommen, wenn die Bibliothek es nie für wichtig gehalten hat, einen Teen in den Aufsichtsrat zu berufen oder mindestens in den Beirat für Teen-Services. Veranstaltet Ihre Bibliothek Sitzungen, auf denen Bibliothekare und Mitglieder der Community zusammenkommen, um Referenten (in Person oder online) zu hören und anschließend darüber zu diskutieren? Wie oft haben Sie mit einem Bibliothekar in Ihrem Büro gesessen?

Fragen sie nach dem „Kommunikationsplan" Ihrer Bibliothek. Wahrscheinlich wird man sagen, man wisse nicht, was das sei, weil ich diesen Ausdruck gerade *erfunden* habe. Aber er wäre ein guter Ausgangspunkt für ein Gespräch, wie die Bibliothek formal, regelmäßig und nachprüfbar mit ihrer Community spricht. Das ist *kein* Marketing-Plan, der die Community wissen lassen soll, was die Bibliothek vorhat. Vielmehr sollten Sie erwarten, dass es für eine Bibliothek eine Reihe möglicher Partner gibt (akademische Abteilungen, die Industrie- und Handelskammer usw.), mit denen sie sich vernetzen möchte. Es sollte eine Art Zeitplan geben, wann man mit diesen Partnern zusammenkommen will.

Ein großartiges Beispiel für geplante Kommunikationen stellte der Direktor einer wissenschaftlichen Bibliothek dar, der jedes College in der Universität alljährlich besucht, wenn der Haushaltsplan vorbereitet wird. Er brachte eine Liste seiner Budgetziele mit sowie eine Liste der Zeitschriften und Datenbanken, die die Bibliothek in jedem Jahr kaufte, und die dabei entstehenden Einzelkosten. Er ging mit den Professoren des Bereichs die Liste durch und fragte, was man behalten solle und was nicht. Die Colleges fühlten sich als Teil des Entscheidungsprozesses und sahen das als einen von der Bibliothek gelieferten unmittelbaren Wert.

Vergleichen Sie dies mit einem anderen College, mit dem ich als Berater kooperierte. Die Bibliothek bildete mit Professoren aus den verschiedenen Fachbereichen eine Kommission. Der Soziologe begann gleich darüber zu diskutieren, wie unfair es sei, dass die Bibliothek soviel Geld für die Physik ausgebe und nicht genug für die Sozialwissenschaften. Der Physiker in der Gruppe zeigte sich alsbald sehr überrascht, solches zu hören, da er immer angenommen habe, dass die Bibliothek die Physik zu Gunsten der Sozialwissenschaften ignoriere. Weil die Bibliothek ihre Communities nicht in ihre Entscheidungsfindung einbezogen hatte, brachte sie nicht nur jeden gegen jeden auf, sondern erreichte auch noch, dass sich alle gekränkt fühlten! Miteigentum an Bibliotheken verlangt sowohl Transparenz im Entscheidungsprozess als auch kraftvolle Entscheidungen. Alles das muss auf einem fortlaufenden und unterstützenden Forum für den Austausch in Gesprächen und die gemeinsame Zielfindung für die Bibliothek beruhen.

Ihre Gespräche auf einer Karte erfassen!

Die wirksamste Art, die Beziehungen einer Bibliothek zur Community zu erfassen, besteht nicht darin, die Dienstleistungen der Bibliothek oder ihre Bestände aufzulisten. Man kann sie nicht über eine Folge von Statistiken oder in Strategieplänen erkennen. Es sind die Gespräche, die sich die Bibliothek entscheidet zu führen, weil sie sich dort besonders engagieren will.

Sie sollten von Ihrer Bibliothek erwarten, dass sie in Zusammenarbeit mit der Community eine Liste zentraler Stakeholder und wichtiger Untergruppen in der Community identifiziert, denen die Bibliothek helfen könnte oder sollte. In einem College mögen das der Lehrkörper, die Studenten und die Verwaltung sein. In einer Schule sind es vielleicht die Lehrer, die Schüler und die Verwaltung. Es darf auch spezifischer zugehen. Beispielsweise in meiner Zusammenarbeit mit einem Anwaltsbüro machten wir die Anwälte als bedeutende Gruppe aus, aber es erwies sich als hilfreich, diese Gruppe auf Anwälte für Strafrecht und Zivilrecht herunter zu brechen und dann sogar auf Anwälte für Umweltfragen, Bürgerrecht, Steuern usw. Im Zuge der Zusammenarbeit mögen sich diese Definitionen weiter verändern.

Sobald Sie die zentralen Stakeholder ausgemacht haben, sollten Sie die Gesprächsmöglichkeiten, die Probleme und Wünsche in diesen

Gruppen identifizieren. So sprechen die Professoren über die Entwicklung des Curriculums, die Latinos über wirtschaftliche Entwicklung usw. In einem weiteren Text schreiben Sie voraussehbare Regelmäßigkeiten in den Gesprächen auf. Die Verwaltung eines Schuldistriktes hat zum Beispiel einen voraussehbaren Zeitplan für die Entwicklung eines Budgets mit vom Staat vorgeschriebenen Foren und Zwischenzielen zu erfüllen. Wenn repräsentative Gruppen aus der Community mit der Bibliothek zusammenarbeiten, müssen diese Gespräche prioritär behandelt werden. Welche von ihnen helfen der Bibliothek am meisten? An welchen Gesprächen sollte die Bibliothek teilnehmen?

Zuletzt legen Sie die Dienstleistungen der Bibliothek und der Bibliothekare dar und versuchen, Ihre Services in die anstehenden Gespräche einzubringen. Verfügen die einzelnen Services über wichtige Kontakte? Wird in wichtigen Gesprächen teilweise nicht auf Services Bezug genommen? Warum nicht? Es gibt Wege, den Service der Bibliothek in der Community zu verankern, auch wenn es nicht reicht, nur zu identifizieren, was die Bibliothek gut macht (oder überhaupt macht) und das Beste aus allem macht. Zur Erinnerung, die Mission der Bibliothek besteht darin, die Gesellschaft zu verbessern und nicht darin, die Nutzung der Dienste zu maximieren, die sie bereits anbietet. Bibliotheken fördern die Mehrung des Wissens; sie pressen keine Werte aus ihren Beständen.[112]

Aktionsplan für gute Bibliotheken

Und was ist mit den Bibliotheken, die in den mittleren Bereich fallen? Der Unterschied zwischen einer guten und einer großartigen Bibliothek kann subtil sein. Dort draußen gibt es sehr gute Bibliotheken. Diese Bibliotheken geben sich alle Mühe, Sie glücklich zu machen und Ihre Wünsche zu erfüllen. Sie verfügen über die neuesten Materialien (Bücher, DVDs, Zeitschriftenartikel usw.). Ihre Webseiten sind gut organisiert und auf ihre Aufgaben zugeschnitten. Sie schätzen den Dienst am Kunden und besorgen Ihnen, was Sie brauchen. Sie neigen dazu,

---

112 Der Prozess der karthografischen Erfassung des Community-Gesprächs wird in größerer Tiefe in dem *Atlas of New Librarianship* beschrieben.

eine Menge Daten über die Community zu sammeln und betreiben ein aktives Marketing. Viele Communities fühlen, dass diese Bibliotheken ihre Erwartungen erfüllen.

Aber wenn Sie die Unterschiede zwischen einer guten und einer großartigen Bibliothek erkennen wollen, versuchen Sie einen Borders-Buchladen oder eine Videothek mit Blockbustern aufzusuchen. Das können Sie nicht. Sie existieren nicht mehr. Und als sie schlossen, war das einzige, was Sie von ihnen hörten, die Ankündigung von Räumungsverkäufen und hohen Rabatten. Aber wissen Sie, was Sie sehen, wenn versucht wird, eine großartige Bibliothek zu schließen? Schilder des Protestes. Sie sehen Schlagen aus protestierenden Bürgern. Sie sehen wütende Bürgerversammlungen. Warum? Das bringt uns zum ersten Kapitel meines Buches zurück. Der Grund besteht darin, dass die Bibliothek Teil der Community ist. Sie ist keine Ansammlung bequemer Sessel noch ein ausgezeichneter Bestand. Sie ist ein Symbol und ein Freund und ein Lehrer.

Aber lassen Sie uns ehrlich sein. Einige Bibliotheken schließen beinahe geräuschlos. Wissenschaftliche Bibliotheken werden verkleinert und Unternehmen schließen ihre Bibliotheken. Sie schließen schlechte Bibliotheken, o ja, aber sie schließen auch gute Bibliotheken. Der Unterschied zwischen einer guten und einer großartigen Bibliothek ist am Ende dieser: Eine Bibliothek, die danach trachtet, ihrer Community zu dienen, ist gut, aber eine Bibliothek, die daran arbeitet, ihre Community zu inspirieren und jeden Tag besser zu machen, ist großartig. Sie mögen eine gute Bibliothek lieben, aber Sie brauchen eine großartige Bibliothek.

Wenn Sie ihre Erwartungen an eine Bibliothek darauf beschränken, dass sie ein Lieferservice für Ihre Informationsversorgung ist, dann befindet sie sich im direkten Wettbewerb mit Amazon, Google und ähnlichen Anbietern. Aber wenn Sie mehr erwarten – wenn Sie erwarten, dass Ihre Bibliothek Ihre Interessen in einer komplexen Wissensinfrastruktur vertritt – wenn Sie erwarten, dass Ihre Bibliothek ein Zentrum des Lernens und der Innovation ist – wenn Sie erwarten, dass Ihre Bibliothek Ihnen helfen soll, Wissen zu kreieren statt Ihnen lediglich einen einfachen Zugang zu den Arbeiten anderer verfügbar zu machen – wenn Sie erwarten, dass sich Ihre Bibliothekare persönlich für Ihren

Erfolg einsetzen – wenn Sie erwarten, dass Ihre Bibliothek ein gemeinsamer Platz sein soll, der die Community zusammenschweißt – wenn Sie erwarten, dass Ihre Bibliothek Sie inspiriert, Sie herausfordert, Sie provoziert, aber Sie immer respektiert, unabhängig davon wie es um Ihre Zahlungsfähigkeit steht – dann erwarten Sie eine großartige Bibliothek. Sie verdienen eine großartige Bibliothek. Machen Sie sich auf und besorgen sich eine!

Über Autor, Herausgeber und Übersetzer

Über den Autor

Richard David Lankes, PHD, ist Direktor der School of Library and Information Science und Ass. Dean des College of Information and Communications der University of South Carolina USA. David Lankes war immer daran interessiert, Theorie und Praxis miteinander zu verbinden und Forschungsprojekte durchzuführen, die *„den Unterschied machen"*. Seine Arbeiten wurden unter anderem von der MacArthur Foundation, dem Institute for Library and Museum Services, NASA, dem U.S. Department of Education, dem U.S. Department of Defense, der National Science Foundation, dem U.S. State Department und der American Library Association gefördert.

Lankes ist leidenschaftlicher Anwalt der Bibliotheken und ihrer zentralen Rolle in der heutigen Gesellschaft. Er sucht nach Wegen, über die Nutzung informationswissenschaftlicher Ansätze und neuer Technologien Branchen zu modernisieren. In dieser Eigenschaft wurde er in Beiräte, Arbeitsgruppen und Nationalen Akademien in den Bereichen Bibliotheken, Telekommunikation, Bildung und Verkehr berufen. Er war *Visiting Fellow* an der National Library of Canada, der Harvard School of Education und der erste Fellow am ALA Office for Information Technology Policy. Sein Buch *Atlas New Librarianship* gewann 2012 den ABC-CLIO/Greenwood Award für das beste Buch in der Bibliotheksliteratur.

Über den Herausgeber

Dr. Hans-Christoph Hobohm ist seit über zwanzig Jahren Professor für Bibliothekswissenschaft an der Fachhochschule Potsdam. Er war 2008 Mitbegründer der *„Zukunftswerkstatt Kultur- und Wissensvermittlung e.V.*", die sich schon damals große Teile des von David Lankes formulierten Programms zur Erneuerung von Bibliotheken auf die Fahnen geschrieben hatte. Er hat zum Bibliotheksmanage-  ment, zum Wandel der Institution Bibliothek und zum Informationsverhalten in der Digitalen Gesellschaft publiziert. Seit 2006 schreibt er den Blog „LIS in Potsdam" unter www.hobohm.info.

Wichtige Forschungsthemen sind für ihn der Wert der Bibliotheken für die Stadtentwicklung und die Entwicklung der Kompetenzen in den Informationsberufen. Er ist Mitglied in wissenschaftlichen Beiräten von Einrichtungen der Wissensinfrastruktur. Seit 2016 ist er stellvertretender Leiter der Landesfachstelle für Archive und Öffentliche Bibliotheken des Landes Brandenburg. Er ist Mitglied der Leibniz Sozietät der Wissenschaften zu Berlin e.V.

Über die Übersetzer

Dr. Erdmute Lapp studierte Amerikanistik, Anglistik und Slavistik an den Universitäten Hamburg, Indiana University Bloomington, USA und Lomonossov Universität Moskau. Nach ihrer Promotion im Fachbereich Sprachwissenschaften der Universität Hamburg war sie Bibliotheksreferendarin der Universitätsbibliothek Heidelberg und Frankfurt am Main. Sie führte mehrere bibliothekarische For-

schungsprojekte in Frankfurt am Main, Saarbrücken und an der Bayerischen Staatsbibliothek durch. In der Zentralbibliothek des Forschungszentrums Jülich war sie sieben Jahre die Leiterin der Benutzungsdienste und die Stellvertretende Bibliothekleiterin, seit 20 Jahren ist sie die Direktorin der Universitätsbibliothek Bochum. Die Bibliothek ihrer amerikanischen Alma Mater Indiana University und später die ihrer amerikanischen Kooperationspartner sind ihr Vorbild und Inspiration. Ihr Credo: Exzellente Universitäten / Forschungseinrichtungen / Communities haben immer exzellente Bibliotheken.

Sie hat zahlreiche Texte und mehrere Bücher aus dem Englischen und Russischen übersetzt.

Dr. Willi Bredemeier wurde 1940 als Sohn eines Bergmanns geboren und wuchs in einer Dortmunder Bergarbeiterkolonie sowie nach dem Tod seiner Mutter auf einem Bauernhof in Niedersachsen an der Grenze zu Westfalen auf. Er war als Industriearbeiter und Versicherungskaufmann tätig und holte 1965 sein Abitur am Dortmunder Abendgymnasium nach. Sein Weg als Volontär und Redakteur  bei der Westfälischen Rundschau führte ihn über die Lokal-, Sport-, Politik- und Wirtschaftsberichterstattung der Zeitungs- und Zeitschriftenredaktionen in die Vorhöfe der Entscheidungszentren der Ruhrgebietspolitik. Parallel dazu nahm er an der 68er Studentenrevolte teil, durchwanderte den Karriereweg eines wissenschaftlichen Assistenten und sollte als Geschäftsführer einer Agentur für Technologietransfer an den Hochschulen des Ruhrgebiets das Ruhrgebiet retten.

Er studierte Sozialwissenschaften an der Ruhr Universität in Bochum und promovierte in Volkswirtschaftspolitik. 1983 wurde er freiberuflich tätig und verdiente sein Geld mit Texten – dies in den Bereichen Zeitschriftenentwicklung und -gestaltung (darunter zwei Ruhrgebietszeitschriften), Marktforschung (darunter zwei langjährige Flaggschiffprojekte im Auftrag der Europäischen Kommission und des Bundesministeriums für Wirtschaft) sowie Public Relations. Die Fachzeitschrift „Password" mit dem Berichterstattungsschwerpunkt „Kommerzielle Informationsdienste im Internet" erschien von Beginn an mit ihm als leitenden Redakteur und wurde 1998 von ihm von der Verlagsgruppe Handelsblatt käuflich erworben. Seit mehreren Jahren ist sie nicht nur ein Printorgan, sondern auch eine werktäglich erscheinende elektronische Zeitung. Sie befindet sich nunmehr im 31. Erscheinungsjahr. Neben ungezählten Beiträgen in Zeitungen und Zeitschriften hat der Autor diverse Bücher verfasst und herausgegeben, darunter zur Lohnpolitik, Innovationspolitik, Integration türkischer Arbeitnehmer, Marktentwicklung elektronischer Informationsdienste in Europa, Telekommunikation, Informations- und Kommunikationstechnik, E-Commerce in Deutschland und zu Zukunftschancen wissenschaftlicher Bibliotheken. Seit 2015 erscheint die von ihm verantwortlich geleitete Fachzeitschrift Password nun elektronisch. Im Jahr 2010 gewann er den Short-Story-Wettbewerb *Kreatives Alter*" in Zürich. 2013 erschien der *Anti-Heimat-Roman. Bildungsreise durch ein unbekanntes Land* und 2016 *Die überlegene Alternative zum Sex und andere Kurzgeschichten.*

Buchreihe „Bibliotheksforschung"
hrsg. von Prof. Dr. Hans-Christoph Hobohm

Die Bibliothek gibt den Menschen als Ort der Veränderung, Platz für ihre Geschichten. Sie ist Ort der Begegnung und des Austausches, Mittelpunkt einer Community.
Wie und wann – das wollen wir erforschen:

Franziska Anger: Bibliotheken – „Houses of Stories"
2016, 97 Seiten, 16.00 €
ISBN 978-3-9405610-27-5
Bibliotheken beherbergen Geschichten in den verschiedensten Formen. Sie sind ein lebendiger Katalysator von Beziehungen und ermöglichen Teilhabe, Ablenkung, Wissen, Begeisterung und damit einen Imagewandel der Bibliothek.

Ingo Caesar: Social Web – politische und gesellschaftliche Partizipation im Netz mit einem Glossar von Fachausdrücken zu sozialen Netzwerken
2012, 111 Seiten, 21.00 €
ISBN 978-3-940862-33-3
auch als e-book: ISBN 978-3-940862-87-7
Mit einem Glossar von Fachausdrücken im sozialen Netzwerk.
Was würden die kommunalen Verwaltungen heute darum geben, wenn sie vor Jahren den Vorschlägen dieses jungen Bibliothekswissenschaftlers gefolgt werden. Er wollte politische Teilhabe durch eine neue einfachere Verwaltung mit Einsatz digitaler Mittel ermöglichen. Wann passiert das endlich?

Leyla Dewitz: Diversität als Basis für Informationsgerechtigkeit
2015, 102 Seiten, 15.50 €
ISBN 978-3-945610-11-4
Wie ist der Informationszugang gerecht organisiert, um die
individuelle Teilhabe am gesellschaftlichen Leben zu ermöglichen
und einen Digital Divide , Sprengkraft einer modernen
Demokratie zu verhindern.

**Lydia Janotta: Mach dich aus dem Staub. Staub und Schmutz
In Bibliotheken. Wie und wann bekämpfen.**
2013, 135 Seiten, 16.00 €
ISBN 978-3-940862-62-4
Digitalisierung scheint ein Ausweg zu sein und lässt uns
vergessen, wie wertvolle Bestände verkommen und damit sehr oft
unser kulturelles Erbe verloren geht. Nützliche Ratschläge und
preiswerte Hinweise sind eine praktische Hilfe gegen schlechte
Lagerung, Staub und Schmutz.

Maria Kabo: Die Bibliothek als Integrationsfaktor
*Bibliotheksdienste für Migranten und Nutzer mit
Migrationshintergrund*
2008, 116 Seiten, 22.00 €
ISBN 978-3-940862-09-9
Wichtiger als je zuvor. Bibliotheken können nicht nur Integration
fördern sondern auch ein Stück Heimat sein oder werden. Nutzen
wir sie.

Wolfgang Kaiser: Diversity Management – eine neue Managementkultur der Vielfalt für ein neues Image der Bibliotheken
ISBN 978-3-940862-02-0
als e-book ISBN 978-3-940862-69-3
Diversity Management ist von einem unbekannten Begriff zu einer gesellschaftlichen Forderung aller geworden. Manager und Politiker hoffen dadurch, Ansprechpartner für Migranten und Ausländer zu werden.

David Lankes: Erwarten Sie mehr!
Verlangen Sie bessere Bibliotheken für eine komplexer gewordene Welt
Herausgegeben und mit einem Vorwort von Hans-Christoph Hobohm
Übersetzer: Erdmute Lapp, Willi Bredemeier
ISBN 978-3-945610-32-9

Christiane Müller: Bücher leihen, Ideen teilen, Bibliotheken in der sharing Economy
Mit einem Vorwort von Hans-Christoph Hobohm und einer Leseprobe aus David Lankes Expect more 2. Auflage
2017, 124 Seiten, 17.50 €
ISBN 978-3-945610-33-6

Bildung und Bibliotheken
Selbstbestimmt lernen – selbständig forschen.
Leben und Überleben im Beruf und in der Welt

Karsten Schuldt: Bibliotheken als Bildungseinrichtungen
2012, 172 Seiten, Softcover, 21.00€
ISBN 978-3-940862-38-9

Bibliotheken erforschen ihren Alltag – ein Plädoyer
2014, 150 Seiten Softcover, 16.00€
ISBN 978-3-940862-65-5

Anna Knoll: Kompetenzen von Information Professionals in Unternehmen
2017, 168 Seiten, Softcover, 15.00€
ISBN 978-3-945610-34-3

Ivan Kanic, Franziska Ahlfänger, Elisabeth Simon: EnglischInternational
2012, 162 Seiten, Softcover, 21.00€
ISBN 978-3-940862-29-7

und vieles mehr. Siehe www.simon-bw.de